会社別就活ハンドブックシリーズ

2025

キユーピーの就活ハンドブック

就職活動研究会 編
JOB HUNTING BOOK

は じ め に

　2021年春の採用から，1953年以来続いてきた，経団連（日本経済団体連合会）の加盟企業を中心にした「就活に関するさまざまな規定事項」の規定が，事実上廃止されました。それまで卒業・修了年度に入る直前の3月以降になり，面接などの選考は6月であったものが，学生と企業の双方が活動を本格化させる時期が大幅にはやまることになりました。この動きは2022年春そして2023年春へと続いております。

　また新型コロナウイルス感染者の増加を受け，新卒採用の活動に対してオンラインによる説明会や選考を導入した企業が急速に増加しました。採用環境が大きく変化したことにより，どのような場面でも対応できる柔軟性，また非接触による仕事の増加により，傾聴力というものが新たに求められるようになりました。

　『会社別就職ハンドブックシリーズ』は，いわゆる「就活生向け人気企業ランキング」を中心に，当社が独自にセレクトした上場している一流・優良企業の就活対策本です。面接で聞かれた質問にはじまり，業界の最新情報，さらには上場企業の株主向け公開情報である有価証券報告書の分析など，企業の多角的な判断・研究材料をふんだんに盛り込みました。加えて，地方の優良といわれている企業もラインナップしています。

　思い込みや憧れだけをもってやみくもに受けるのではなく，必要な情報を収集し，冷静に対象企業を分析し，エントリーシート作成やそれに続く面接試験に臨んでいただければと思います。本書が，その一助となれば幸いです。

　この本を手に取られた方が，志望企業の内定を得て，輝かしい社会人生活のスタートを切っていただけるよう，心より祈念いたします。

就職活動研究会

Contents

第1章

キユーピーの会社概況

会社によって選考方法は千差万別。面接で問われる内容や採用スケジュールもバラバラだ。採用試験ひとつとってみても，その会社の社風が表れていると言っていいだろう。ここでは募集要項や面接内容について過去の事例を収録している。

また，志望する会社を数字の面からも多角的に研究することを心がけたい。

✔ 企業理念

■キューピーグループの理念

【社是】楽業偕悦

【社訓】・道義を重んずること

　　　　・創意工夫に努めること

　　　　・親を大切にすること

（大切にしている教え）『**世の中は存外公平なものである**』

創始者中島董一郎は若き日に『世の中は横着者やずるい者が得をするように見えることもあるが，長い目で見ると誠実で真面目に努力する人が認められるもの』という主旨の文章に出会い，深い感銘を受けました。以来，生涯を通じて『世の中は存外公平なもの』と信じ，どのような困難にあっても『何が本当か，何が正しいか』を判断基準に創意工夫に努め，お世話になった方々への感謝の心を大切にし続けました。1992 年迄は社訓の一つでもあったこの言葉を，私たちは今も大切な教えとして継承しています。

【めざす姿】
私たちは
「おいしさ・やさしさ・ユニークさ」をもって
世界の食と健康に貢献するグループをめざします

【姿勢】
グループ規範を遵守し，
お客様をはじめとしたステークホルダーの皆様から
最も信頼していただけるよう努めます

✔ 会社データ

設立年	1919年(大正8年)11月
本社	東京都渋谷区渋谷1-4-13 電話(03)3486-3331
資本金	241億400万円
売上高	4,303億400万円(連結、2022年度) 1,840億8,400万円(単体、2022年度)
従業員数	10,696人(連結、2022年11月末現在) 2,408人(単体、2022年11月末現在)

✔ 仕事内容

生産部門

品質、技術、そしてチームワークで、
お客様にお届けする安全・安心な商品を製造する部門です

キユーピーのものづくりの原点「生産」の業務は、ただ効率よく商品を製造するだけではありません。お客様が求める「おいしさ」とは何か、安心して召し上がっていただけるための品質はどうすれば実現できるのか。常に現状に満足することなく、お客様目線での商品作りに徹底的にこだわった仕事をしています。常に一緒に働く方と綿密なコミュニケーションを取りながら、より新しく、よりおいしく。ときには、研究開発や営業部門などさまざまな現場の橋渡し役となって商品設計に携わることもあります。業務内容から大きく「製造」と「技術」、そして「専門スタッフ」とに分けられます。

営業部門

お客様のニーズにお応えするため、お取引先様との商談を通じ、
販売促進企画・メニュー提案などを行う部門です

キユーピーとお客様との接点が最も近い「営業」。キユーピーの営業は、価格提示をして買っていただくのが主な仕事ではありません。季節に合わせた旬の素材や年間を通じたイベント、野菜の価格高騰など、食を取り巻く環境はさまざまです。常に変化する食を取り巻く環境の中でも、どの様な食シーンで旬のおいしさをもっとも楽しんでいただきたいか…そんなことをイメージしながら仕事をしています。

そんな仕事を実現するためには社内外の多くの方とのコミュニケーションが大切。常に数多くのお客様の声に寄り添って、創意工夫を凝らして持っている数々の商品・情報でメニューを生み出していく、そんなお客様への向き合い方も「品質」の一つと考えています。「10円のものは10円で売る」という、正直で誠実・謙虚な姿勢…時代が変わっても変わらないDNAは、営業の中にずっと大切に受け継がれています。

研究開発部門

お客様へお届けする「おいしさ」
「やさしさ」「ユニークさ」を
技術で生み出し、さらに高めていく部門です

キユーピーグループでは、マヨネーズやドレッシングなどの調味料、タマゴ加工品やタマゴ素材品、洗わずに食べられる便利なパッケージサラダや惣菜類、ジャムやパスタソース、ベビーフード、介護食などの加工品、ヒアルロン酸などの医薬品・化粧品素材まで幅広い事業を展開しています。多岐にわたる事業展開を研究開発の面から支えているのが研究開発本部です。

研究開発には、研究開発に必要なさまざまな技術を生み出す「技術ソリューション研究所」と、その技術を活用し実際の商品を開発する「食創造研究所」の二つの研究所があり、互いに連携してお客様に喜んでいただけるおいしい商品作りを進めています。

そのためには、生産や営業とのコミュニケーションを深く取り合い、現場のニーズを研究開発に活かしていく事がとても大切です。求められ、おいしさに本気で向き合いお客様に感動いただけること…それがキユーピーの研究開発で求める人物像です。

その他の部門

海外事業、品質保証、知的財産、ファインケミカル、財務、法務、ロジスティクス、経営企画、広報、人事など。生産、営業、研究開発を支え、各部署との密な連携と協働でキユーピーグループの事業を円滑にする部門です。

✔ 先輩社員の声

【生産技術／ 2015 年入社】
中河原工場のラインテクニクスチームで、工場内設備のメンテナンスやトラブル対応、新規設備の導入などを担当しています。設備の故障を未然に防ぐメンテナンスは、商品の品質に直結する仕事。「私が品質を守っている商品がお客様に届いている」というやりがいを感じています。

大学時代は機械工学を専攻していたので、機械設備を触るとき「ああ、こういうことだったんだ」と当時の学びが活かされる場面も多いですね。現場では機械の知識に加えて電気の知識も必要になってくるので、日々経験と勉強を積み重ねています。学生時代の「機械慣れ」は、知識の吸収力にもつながっていると思います。機械と電気の両方に詳しいスタッフが少数のため、新技術の導入などで頼られることも多く、それが自信や充実感につながっています。私は製造課を経験してから、現在の部署へ異動となりました。その経験から製造課の気持ちが分かるので、業務改善の外せないポイント、新技術導入の重要性なども理解でき、スムーズに仕事ができます。とくに私が製造課時代に感じていたのは、力仕事の大変さでした。できるだけそういった仕事を減らして、より安全・安心な製造環境をつくることが、今の目標であり使命だと思っています。

これまでで一番苦労した仕事は、ドレッシングの新ライン立ち上げプロジェクト。ラインテクニクスチームに異動して半年、初めて経験することばかりで大変でしたね。でも「製造現場で扱いやすいライン設計とは？」をとことん考え、実際に製造現場で働く仲間に相談したり、製造課、業務課、品質保証課などの関係部署とコミュニケーションを密にとり、またある時は上司に教えてもらうことで、無事にプロジェクトを完了することができました。このような難題をクリアできたことで、自分の経験値も跳ね上がったように思います。逆境はチャンスと捉え、何事にもひるまずに挑戦していくと成長できるのだ、と実感しました。これからもたくさん設備メンテナンスを行い、キユーピーグループのどの工場でも通用する技術力を磨き続けていきたいですね。社会人になって 4 年。振り返って感じるのは、「一人で解決できる仕事はほとんどない」ということ。達成するまでにつらい思いをすることもありますが、仲間と協力して大変な仕事を乗り越えたときに、やっと達成感ややりがいを感じることができます。最も「仕事が面白いなあ」と感じるのも、そうした「乗り越えた瞬間」です。仕事でも就職活動でも、すべての経験があなたの未来の「乗り越えた瞬間」につながっていくはずです。何事も諦めず、前向きに、そして積極的にチャレンジしていってください。これを読んだあなたが、自分の納得のいく良い会社に出会えることを祈っています。もしそれがキユーピーなら、私はとてもうれしいです。

【営業／2019 年入社】

子どもの頃からものづくりに興味があり、テレビで商品開発の裏側を見たり、工場見学に行ったりするとワクワクしました。食べることも大好きだったため、食品について学べる大学に進学し、食品メーカーを志すようになりました。

中でも魅力を感じたのが、キユーピーの業務用の営業（フードサービス営業）の仕事です。飲食店など食のプロを相手にするため学びが多く、私の提案が多くの方々の「おいしい」や「幸せ」につながるかもしれないと思うと、やりがいと成長のある仕事だと感じました。就職活動やインターンを通して、お客様や商品に対する先輩方の強い想い、社内の温かい雰囲気に触れ、私もその一員になりたいと思い、入社を決意しました。入社後は、関東支店 北関東営業所のフードサービス営業課に配属され、総菜やパンを販売する量販店や飲食店を担当。「おいしいものを届けたい」という想いで、ご家庭の食卓を想像しながら得意先様とともにメニューを提案・開発しています。足を運んでリサーチを重ね、何度も試作したメニューが食卓に届いたときは、大きなやりがいを感じます。キユーピーの魅力は、若手社員にも活躍の場が与えられることです。キユーピーは卵を最も多く扱う国内メーカーとして、卵をシンボルとする「イースター」（イエス・キリストの復活祭）の催事に力を入れています。私は入社 1 年目から 3 年間にわたり、所属する関東支店のイースターリーダーを上司からの推薦をいただき務めてきました。私はどちらかと言うと猪突猛進タイプなので、上司は私の育成を考えて、周りを巻き込んでリーディングすることを学ぶ機会を与えてくださったのかなと思っています。リーダーを務めることへの不安を訴えると、とにかく何でも若手らしく挑戦してみなよと背中を押してくださり安心したのを覚えています。若手の私がリーダーに抜擢されたからには、私自身がワクワクしながら企画を提案する姿を発信していこうと考えました。そこで、生命と繁栄をテーマとするイースターを、動物園の食堂にご提案し、子どもから大人まで楽しめるイベントを企画しました。周囲の後押しを受けて挑戦できたこと、私の想いをお客様に共感いただけたことはやりがいにつながり、非常に意義ある経験になりました。

もう一つ印象に残っているのが、栃木県宇都宮市にある北関東営業所が長年取り組んでいる「宮サラ」の活動です。「宮サラ」は、新鮮でおいしい野菜がたくさん収穫できる宇都宮で、地元の方々にもっと地場野菜を食べていただき、野菜摂取量の向上に貢献したいという想いから生まれたサラダのことです。私たちの想いに共感してくださる多くの団体のご協力のもと、普及活動に取り組んでいます。その結果、栃木県庁の食堂で「とちぎ健康サラダ」メニューを提供できることになりました。さらに、栃木県のマスコットキャラクター「とちまるくん」とともに SNS を活用して野菜摂取を啓発したり、量販店などの店頭で「宮サラ」レシピリーフレットを配布したりという成果も生まれました。こうした活動が実を結び、2022 年には「健康長寿とちぎづくり表彰」の「健康応援部門」に入賞。現在は宇都宮市以外にも活動を広げ、群馬県嬬恋村とともに「つまサラ」の普及活動を始めています。北関東エリアのお客様に野菜摂取を促すことで、キユーピーの商品をさらに多くのお客様に手に取っていただけて、売上利益の達成につながることはもちろんですが、地元の方々に社会貢献できている実感もあり、キユーピー、そして私が北関東エリアに存在する意義を感じています。これからも営業所から、北関東エリアの野菜摂取量向上と健康寿命の延伸を応援していきます。

【研究開発本部／2015年入社】

学生時代は栄養学を専攻し、機能性食品を研究していました。卒業後も食に関する研究をしたいと考え、食品メーカーの研究職に絞って就職活動をしました。キユーピーに興味を持ったのは、毎日の食卓に身近な商品を扱っていたから。「日々の食生活を向上させて、健康に貢献したい」、キユーピーならそれができると思ったんです。

今は技術研究所で「おいしさ」の研究をしています。味や香り、色、食感など「おいしさ」を構成している要素は、人によって感じ方が異なります。その「おいしさ」を機器分析や官能評価によって数値化していくのが主な仕事です。得られたデータは商品開発や商品提案に役立てられています。

これまでに印象に残っているのは「マヨネーズによる野菜の苦味低減効果」の研究。野菜を炒める際、炒め油の代わりにマヨネーズを使うと野菜の苦味が抑えられるのですが、そのメカニズムを解明するというものでした。結果、マヨネーズの原料である卵黄に苦味低減の効果があることを明らかにし、日本調理科学会で学会発表も行いました。この研究結果より、野菜の苦味が苦手な人もマヨネーズを使うと食べやすくなることを科学的エビデンスに基づいて提案ができるようになりました。このようにマヨネーズの新たな魅力を伝えることで、野菜摂取量の増大につながることにやりがいを感じています。

私の目標は「おいしいから食べる」ことを、結果的に「バランスのとれた健康的な食生活」につなげることです。研究結果を発信し、「食べてみよう！」「作ってみよう！」と感じていただくことで「おいしさ研究」の分野から、日々の食生活向上に貢献していきたいです。

当社の研究所には、熱い想いを持ったスペシャリストがたくさんいます。調味料、卵、野菜、製造プロセス、分析技術など各分野で力を発揮しています。さらに、それぞれの専門性を組み合わせて、新たな価値創出にチャレンジしているメンバーもいます。ここにいるスペシャリストたちも、最初から専門性を発揮していたのではなく、仕事を通じて知識やスキルを身に付けてきた、と教えていただきました。私もまだまだ勉強中です。未来をつくるため、一緒に頑張っていきましょう！

総合職コース

採用職種	技術系総合職コース、事務系総合職コースの併願不可（コース内の職種併願は可） ■事務系総合職コース ①営業：マヨネーズ・ドレッシング等の家庭用商品及び、業務用商品の販売、企画立案 等 ②ファインケミカル営業：医薬・粧食原料の製品の販売、企画立案 等 ③財務：会計、財務、租税、内部監査、原価管理 等 ④ロジスティクス：SCM業務の企画、物流ネットワークの構築、需要予測 等 ⑤法務：契約書作成、M&A対応、新規取組みの法的支援、ガバナンスやコンプライアンスの推進 等 ■技術系総合職コース ①生産・品質保証：生産：製品の製造・効率化、生産技術の導入、生産管理 等 ②ファインケミカル生産：医薬・粧食原料の製品の製造、品質保証 等 ③研究開発：技術研究、商品開発 等 コース内のいずれかの職種を選択いただき、キャリアのスタートとします。その後のキャリアイメージは、本人の適性や希望に応じ、初期配属部門でのステップアップのほか、本社を含む各部門、あるいは海外を含むグループ会社等での経験値を積んでいただき、将来はキユーピーグループを牽引する人材へ成長いただくコースです。
応募資格	2024年3月に大学等を卒業・修了見込みの方 2021年3月以降に大学等を卒業・修了の方で、卒業・修了後に就業経験（正社員雇用）のない方 ※大学等とは、四年制大学、六年制大学、大学院です。 [対象学部] 技術系総合職コース：生産、ファインケミカル生産：全学部全学科、全研究科、研究開発、品質保証：理系の全学部全学科、全研究科（栄養学を含む） 事務系総合職コース：全学部全学科、全研究科

初任給	大学院博士修了：基本給 250,500 円 大学院修士修了：基本給 232,800 円 四年制大学卒業：基本給 218,000 円 ※23年4月入社よりり 【諸手当】（職種により） 住宅手当、通勤手当（全額支給）、時間外勤務手当、食事代補助など
給与改定	年一回 1月
賞与	年二回 5月，11月
勤務地	全国の工場、支店、営業所および本社（研究開発など） また、海外を含む関連会社へ出向していただくこともあります。
勤務時間	原則9:00〜17:45 （所定労働時間 7時間45分 ※部署によってフレックスタイム制あり）※事業所により異なります
休日休暇	年間 122日（本社） 内訳：土曜・日曜、祝祭日、年末年始休暇、夏季休暇、 　　　年次有給休暇、特別休暇（永年勤続、リフレッシュ、 　　　結婚、慶弔）など ※事業所により異なります ※工場勤務の方は，交替勤務に従事していただく場合があります
福利厚生	各種社会保険（健康、厚生年金、労災、雇用）、キユーピーグループ保険、財産形成貯蓄、持株会、退職金、独身寮、社宅、親睦会、社員旅行、各種褒賞（永年勤続賞、資格取得賞等）など
両立支援	育児・介護休業、マタニティ時間勤務短縮制度、ベビーフードプレゼントなど
その他	営業職（営業、ファインケミカル営業）の方は、ご入社までに運転免許の取得が必須となります。

地域職コース

採用職種	①生産：製品の製造、及び製品の製造に関わる業務 　※各工場での採用となります。 ②生産技術：生産設備の導入・保守点検 など
応募資格	①生産：2024年3月に大学・短期大学等を卒業・修了見込みの方 2021年3月以降に大学・短期大学等を卒業・修了の方で、卒業・修了後に就業経験（正社員雇用）のない方 ※大学・短期大学等とは、四年制大学、六年制大学、短期大学、高等専門学校、専門学校、大学院です。 [対象学部] 全学部全学科，全研究科 ②生産技術：2024年3月に大学・短期大学等を卒業・修了見込みの方 2021年3月以降に大学・短期大学等を卒業・修了の方で、卒業・修了後に就業経験（正社員雇用）のない方 ※大学・短期大学等とは、四年制大学、短期大学、高等専門学校、専門学校です。 [対象学部] 理工系学部学科：機械工学・電気工学等
初任給	【五霞工場・ファインケミカル本部五霞工場】 大学院修士修了：基本給198,000円 四年制大学卒業：基本給195,500円 高専・短大・専門卒業：基本給173,000円 【中河原工場】 大学院修士修了：基本給206,500円 四年制大学卒業：基本給203,800円 高専・短大・専門卒業：基本給180,400円 【泉佐野工場】 大学院修士修了：基本給199,000円 四年制大学卒業：基本給196,400円 高専・短大・専門卒業：基本給173,900円 【神戸工場】 大学院修士修了：基本給202,500円 四年制大学卒業：基本給199,800円 高専・短大・専門卒業：基本給176,900円 ※ 23年4月入社より

諸手当	住宅手当，通勤手当（全額支給），時間外勤務手当など
給与改定	年一回 1 月
賞与	年二回 5 月，11 月
勤務地	五霞工場（茨城県）、ファインケミカル本部五霞工場（茨城県）、中河原工場（東京都）、泉佐野工場（大阪府）、神戸工場（兵庫県）、のうちいずれか（予定） ※基本的に転居を伴う異動はありません。業務に必要な場合、転居を伴わない範囲での勤務事業所や職種の変更または関連会社へ出向していただく可能性があります。
勤務時間	シフト制（所定労働時間：7 時間 30 分もしくは 7 時間 40 分） ※勤務時間、所定労働時間は工場ごとに異なります。
休日休暇	年間 115 日 内訳：土曜・日曜、祝祭日、年末年始休暇、夏季休暇、年次有給休暇、特別休暇（永年勤続、リフレッシュ、結婚、慶弔）など ※各工場により異なります。
福利厚生	各種社会保険（健康、厚生年金、労災、雇用）、キユーピーグループ保険、財産形成貯蓄、持株会、退職金、食事補助、独身寮、親睦会、社員旅行、各種褒賞（永年勤続賞、資格取得賞等）など
両立支援	育児・介護休業、マタニティ時間勤務短縮制度、ベビーフードプレゼントなど

✔ 採用の流れ （出典：東洋経済新報社『就職四季報』）

エントリーの時期	【総・技】2月～3月，4月～5月
採用プロセス	【総】〈1次〉ES提出（2～3月）→1次選考（Webテスト・録画面接）→2次選考（面接）→最終選考（面接・筆記）→内々定（5月末）〈2次〉ES提出（4～5月）→1次選考（Webテスト・録画面接）→2次選考（面接）→最終選考（面接・筆記）→内々定（6月末） 【技】〈1次〉ES提出（2～3月）→1次選考（Webテスト・録画面接）→2次選考（面接）→最終選考（面接・筆記）→内々定（4月末）〈2次〉ES提出（4～5月）→1次選考（Webテスト・録画面接）→2次選考（面接）→最終選考（面接・筆記）→内々定（6月末）

採用実績数

	大卒男	大卒女	修士男	修士女
2022年	8 （文：6 理：2）	7 （文：5 理：2）	6 （文：0 理：6）	2 （文：1 理：1）
2023年	11 （文：7 理：4）	10 （文：4 理：6）	10 （文：0 理：10）	3 （文：0 理：3）
2024年	18 （文：14 理：4）	13 （文：8 理：5）	8 （文：0 理：8）	8 （文：0 理：8）

採用実績校	【文系】 明治大学，関西学院大学，中央大学，日本大学，法政大学，立教大学，立命館大学　他 【理系】 岐阜大学，筑波大学，東京海洋大学，東京農業大学，お茶の水女子大学，岡山大学，関西大学，宮崎大学　他

✔2023年の重要ニュース (出典：日本経済新聞)

■キユーピー、マヨネーズ値上げ　鳥インフルの影響広がる（2/2）

　高病原性鳥インフルエンザ流行に伴う鶏卵の供給不足の影響が食品メーカーや小売りに広がってきた。キユーピーは2日、鶏卵価格の上昇を受けてマヨネーズを4月に値上げすると発表した。石屋製菓（札幌市）は主力の菓子「白い恋人」を減産している。鳥インフルエンザの流行が長引けば、一段と影響が拡大しそうだ。

　キユーピーは4月1日出荷分から家庭用・業務用のマヨネーズなどを値上げする。家庭用の値上げ幅は約3〜21％で、主力商品の「キユーピーマヨネーズ」（容量450グラム）は参考小売価格を現在の475円から520円に上げる。マヨネーズは2021年以降で4回目の値上げとなる。

　1月に減産を始めた石屋製菓では今後、鶏卵の仕入れ量が半減する可能性があり、白い恋人などの生産量を通常の50％程度に抑える予定だ。セブン―イレブン・ジャパンも1月末に「セブンプレミアム　半熟煮たまご」など卵を使った15商品の販売休止を発表している。

　飼料価格の高騰などを受けて養鶏農家が採卵鶏の飼育数を減らしていたところに、22年10月ごろから鳥インフルエンザの発生急増が重なった。殺処分が増えて鶏卵の供給が不安定になり、卸値が高騰している。JA全農たまご（東京・新宿）のMサイズ卸値（東京市場、1キログラム）は1月の平均が280円と前年同月比で85％高い。1月としては1986年以来、37年ぶりの高値となっている。

　鶏卵の高値や供給制約は当面続きそうだ。一般社団法人日本養鶏協会の山下務・業務第三部長は「日本では鳥インフルの発生急増は例年ならば春ごろに落ち着くとみられるが、今シーズンは先が読めない。収束しても採卵鶏の導入状況は養鶏場によって異なるため鶏の数の回復には一定期間かかる。需要が減り相場が下がる夏場も23年は例年より高値で推移しそうだ」と話す。

■キユーピー「植物原料」の新ブランド　まずドレッシング（3/8）

　キユーピーは8日、プラントベース（植物由来）食品の新ブランド「GREEN KEWPIE（グリーン　キユーピー）」を立ち上げたと発表した。第1弾として植物性油脂や大豆などを原料とした「植物生まれのごまドレッシング」と「植物生まれのシーザーサラダドレッシング」を16日に発売する。

いずれも参考小売価格は 180 ミリリットルで 319 円。従来はごまドレッシングの原料に卵黄、シーザーサラダドレッシングはチーズや卵黄を使っていたが、乳化技術を活用したり豆乳や味噌などの発酵原料を活用したりして風味を再現したという。

北米や中国、東南アジアでも展開する。23 年夏以降には植物性原料を使った代替卵商品の「ほぼたま」のパッケージを GREEN KEWPIE のブランドロゴを付けた形にリニューアルする。

24 年以降は調味料や加工品などで順次、プラントベースの商品を売り出す。GREEN KEWPIE ブランドを家庭用と業務用に展開し、25 年に 20 億円、30 年に 100 億円の売上高を見込む。環境配慮意識や健康志向の高い消費者のニーズに応える。8 日、東京都内で開いた事業戦略発表会で、浜崎伸也・取締役は「海外では日本以上にプラントベースフードの存在感が高まっているが、タマゴや調味料は（プラントベースの）プレーヤーがまだ少ない」と指摘。「世界中の食と健康に貢献できる新しいブランドになりえる」と語った。

■キユーピー、調理ロボット開発の TechMagic に 10 億円出資（6/22）

キユーピーは調理用ロボット開発の TechMagic（テックマジック、東京・江東）に出資したと発表した。出資額は約 10 億円。原材料の計量作業など食品製造段階の業務をロボットを使って自動化し、生産性の向上や労働力不足といった課題の解決に取り組む。

両社は 2020 年から経済産業省の補助事業でパートナー企業として協働し、ポテトサラダなど総菜の盛り付け作業を自動化するロボットを共同開発してきた。形状が均一ではない総菜は、一定量を正確に盛り付けるのが難しい。そこで人工知能（AI）などを使って重量を把握し、グラム単位で正確に盛り付ける技術を開発した。今後は調達した様々な原材料の適切な配合量をはかる業務などに、この技術を応用していく。

食品産業では、製造現場での慢性的な人手不足が課題になっている。一方で従来のロボット技術では、人の手作業に比べると見栄えなどでの再現精度が劣ることや装置の高額な費用などから、現在でも多くの工程が人の手で行われている。

テックマジックは 18 年に設立した業務ロボット開発のスタートアップだ。21 年にはジャフコグループなどを引受先とした第三者割当増資で 15 億円を調達した。他にも日清食品などから出資を受けており、今回の出資で累積調達額は約 33 億円となった。

✔2022年の重要ニュース (出典：日本経済新聞)

■キユーピー、小分けの釜玉うどんつゆ　手軽な昼食に（1/19）

　キユーピーは半熟卵とうどんを使って、簡単に釜玉うどんを作れる「釜玉うどんつゆ」を3月3日に発売する。つゆは1食分ずつ容器に入っており、食べる直前にかけて使う。冷蔵庫で保存でき、在宅勤務の昼食などでの需要を取り込む。

　「めんたい釜玉うどんつゆ」と「あごだし釜玉うどんつゆ」の2種類をそろえる。容器の真ん中部分を折り曲げて調味料を出せるようにした。食べる直前につゆとユズの香りを付けたオイルが混ざり、ユズの香りを楽しむことができる。

　2食入りで、価格は171円。全国のスーパーで販売する。同社は冷蔵で保存できる「とろ～り半熟たまご」も展開しており、セットでの購入も促す。

　新型コロナウイルス下で在宅時間が増え、手軽な昼食としてうどんの需要が高まっている。特に個食タイプは少人数世帯や在宅勤務時の昼食として支持されているという。家庭に常備していることが多い冷凍うどんと組み合わせて、簡単に本格的な味を楽しめる製品を開発した。

■キユーピー、代替卵商品を通販で発売　東京などで（3/14）

　キユーピーは14日、植物性原料を使った代替卵商品「ほぼたま」を17日から通信販売限定で発売すると発表した。価格はスクランブルエッグ風の商品（60グラム）で214円。同社は2021年6月から業務用向けに代替卵を販売していたが、健康志向や環境配慮意識の高まりを背景に、植物由来の食品を選ぶ消費者が増えており、通販向けにも販路を広げる。

　17日から東京都と神奈川県、千葉県の一部エリアでアマゾンジャパン（東京・目黒）が展開する生鮮宅配「アマゾンフレッシュ」などを通じて販売し、順次展開地域を広げる。業務用で展開している半熟感を再現したスクランブルエッグ風の商品に加えて、新たに溶き卵を加熱すると固まる特徴を再現した加熱用液卵風の商品（60グラムで182円）も用意した。加熱用液卵風の商品はオムレツや卵焼きなどの料理に使うことを想定している。

　「ほぼたま」は豆乳加工品や脱脂アーモンドパウダーなど植物性原料を使い、卵の風味を再現した商品。実際の卵を使用していないため、卵アレルギーの消費者でも食べることができる。

　14日に都内で開いた商品発表会で田川篤志・執行役員は「価値観の多様化が進むお客様に新たな選択肢を提供する」と意気込みを語った。代替卵を含む「プ

ラントベースフード（植物由来食品）」で5年後に5億円の売上高をめざす考えだ。

■キユーピー、10月にマヨネーズ値上げ　21年以降で3回目（7/1）

　キユーピーは1日、家庭用と業務用のマヨネーズやマスタードなどを10月から値上げすると発表した。値上げ幅は家庭用で約2～20%。マヨネーズは2021年7月と22年3月に続く値上げとなる。マヨネーズなどの原料である食用油の価格高騰に加え、エネルギーコストなどが上昇していることに対応する。

　10月1日出荷分から家庭用のマヨネーズやマスタードに加えてパスタソースなど93品目を対象に値上げを実施する。マヨネーズの値上げ幅は3～11%。主力商品の「キユーピーマヨネーズ　450g」では参考小売価格を現在の436円から475円にする。

　家庭用に加えて業務用でも10月1日出荷分からマヨネーズやマスタード、ソース類など157品目で値上げする方針だ。値上げ幅は1～15%。

　同社は3月に家庭用と業務用のマヨネーズを値上げしたばかりで、21年以降では3回目の値上げとなる。同社は「合理化と経費節減を継続してきたが、企業努力だけでコスト上昇分を吸収することは極めて困難で価格改定を実施せざるを得ない」と話している。

■米国にマヨネーズ新工場　生産能力3倍に（11/10）

　キユーピーは米国のテネシー州にマヨネーズなどの調味料を生産する新工場を建設する。2023年5月に着工し、25年5月の稼働をめざす。投資額は約90億円。米国では家庭用に加えてレストランなど業務用のマヨネーズ販売が伸びている。既存工場を含めた米国での年間生産能力は最大9万トンと現在の3倍になる。

　新工場の延べ床面積は約1万5000平方メートル。家庭用と業務用のマヨネーズやドレッシングを生産する計画で、生産能力は最大で年間約6万トンの見込み。同社の海外工場として最大規模の生産拠点となるもようだ。

　米国ではこれまで西部のカリフォルニア州にある工場からマヨネーズを供給してきた。キユーピーブランドの調味料の需要が拡大しており、新工場の建設を決めた。南東部に位置するテネシー州に拠点を置くことで東部や中西部の市場を開拓する。

　キユーピーは中期経営計画の最終年度となる24年11月期の海外売上高を21年11月期比5割増の800億円に増やす目標を掲げている。年率10%以上のペースで伸ばす方針だ。海外売上高は中国が5割を占め、米国は2割程度。新工場を通じて米国市場の開拓を一段と加速させる。

✔2021年の重要ニュース (出典:日本経済新聞)

■自社商品の情報サイト　消費者との接点に（1/4）

　キユーピーは商品の開発秘話や料理のレシピなど特集記事を掲載する自社商品の情報サイトを開設した。新型コロナウイルスの感染拡大でネット通販の利用が増加し、消費者の商品の選び方が変わってきている。新たな消費者との接点をつくり、ニーズを把握するとともに購買につなげていく。

　情報サイト名は「セレクトマルシェ」で、「マルシェ（市場）」をイメージした。一般のスーパーでは扱わない業務用商品を中心に、開発者などが商品の魅力やこだわりを記事で紹介する。

　「ビネガーマルシェ」ではお酢を使ったドリンクを紹介する記事などを掲載。「ソースマルシェ」はフランス料理のシェフが開発に関わったデミグラスソースや、バーニャカウダなどの料理を紹介する。記事の下には商品情報やアマゾンジャパン（東京・目黒）など同社の商品を扱う複数のECサイトへのリンクを設けた。

　2021年夏以降は新たな商品のページを開くほか、同社と消費者、消費者同士が交流できるオンラインコミュニティーの開設も計画している。

　新型コロナの影響でネット通販の利用が増えるなか、多数の商品の中で自社商品を選んでもらうことが課題になっている。情報サイトの立ち上げで自社商品の魅力をわかりやすく伝え、消費者の購買意欲を促したい考えだ。

■長持ちする総菜　サラダやキーマカレー（3/17）

　キユーピーは17日、保存期間が長い総菜や調味料などの新規事業「フレッシュストック」の2021年春の新商品発表会を開いた。ポテトサラダなどの総菜の製法を変更し、賞味期限を長持ちさせながら食感などの品質も改良した。コロナ下で自宅で料理する人が増えるなか、保存しやすい利便性で需要開拓を目指す。

　4月1日に新ブランド「わたしのお惣菜（そうざい）」を立ち上げ、サラダ3品、主菜3品、ソース3品を発売する。サラダではポテト、ニンジン、ゴボウの3種類のサラダを低温下で加圧する「冷圧フレッシュ製法」という新技術を使って製造した。従来の加熱殺菌製法に比べ、作りたてのサラダの食感や香り、見た目の鮮やかさが維持できるという。冷蔵で20日間保存できる。価格はいずれも214円。主菜では「鶏肉と豆のラタトゥイユ風」「トマトと野菜のキーマカレー」「鶏肉と根菜の黒酢あんかけ」をそろえる。賞味期間は冷蔵で30日で、電子レンジで温めるだけで調理ができる。このほか、カップ容器で保存する殻なしのゆで

卵なども発表した。賞味期間は 30 日と長く、6 月末から販売する。

キユーピーの長南収社長は「コロナ下で多様化する内食のニーズや課題に迅速に対応していきたい」と述べた。

■キユーピー、マヨネーズを 8 年ぶり値上げ（4/26）

キユーピーは 26 日、家庭用と業務用のマヨネーズとマヨネーズタイプ調味料を 7 月 1 日出荷分から 2 ～ 10% 値上げすると発表した。家庭用、業務用ともに値上げは 2013 年 7 月以来、8 年ぶり。マヨネーズの主原料である食用油の高騰が原因だ。家庭用のマヨネーズは 2 ～ 10% の値上げで「キユーピーマヨネーズ　450g」は値上げ後、402 円（値上げ前は 378 円）となる。家庭用のマヨネーズタイプ調味料は 2 ～ 4% 値上げ。脂質の少ないタイプの「キユーピーハーフ 400g」は 382 円（同 370 円）になる。業務用はマヨネーズが 3 ～ 10%、マヨネーズタイプ調味料が 2 ～ 9% の値上げ。13 年 7 月の 2 ～ 9% 値上げに続く値上げとなる。天候不順や世界的な需要拡大で、食用油の原料である穀物の国際価格が足元で高騰しており、「今後も価格低下を見込めない」（同社）と判断した。

■キユーピーが国内初の代替卵商品　大豆由来、肉以外にも（6/9）

キユーピーは卵を使わない「卵商品」を開発した。大豆を原料とするスクランブルエッグのようなペースト状の商品を 6 月下旬に国内で売り出す。消費者の健康・環境志向を背景に、植物性たんぱく質を由来とする「代替卵」需要が高まると判断した。肉が先行した代替食で消費者の選択肢が広がる。

国内食品メーカーで代替卵の商品を販売するのは初めて。海外では米スタートアップのイート・ジャスト（カリフォルニア州）が植物由来の代替卵を販売している。新商品を「ほぼたま」と名付け、まず業務用としてホテルや飲食店に販売する。価格は通常の業務用スクランブルエッグの約 3 倍。一般消費者向けの商品は今後、検討する。

健康意識の高まりで、肉などの動物性成分を口にしない人々が国内でも増えている。家畜の飼育には大量の飼料や水を使うため、環境への影響を懸念する人も家畜をベースにした食物を敬遠する傾向がある。卵アレルギーで卵製品を食べられない消費者への販売も見込む。

キユーピーはマヨネーズなど多くの卵製品を製造しており、主要国での卵関連の特許取得件数は世界 1 位。大豆などを独自の技術で加工し卵の風味や食感を再現した。ホテルのビュッフェや学校給食のメニューでの活用を提案する。

✔ 就活生情報

とにかく適性が重視されます。しっかりと自己分析
をしましょう

営業職 2020卒

エントリーシート

・形式：採用ホームページから記入
・内容：志望理由，選んだ1つ目のテーマについてのエピソード（人と関わることで影響を受け成長したことを選んだ），選んだ2つ目のテーマについてのエピソード（諦めずにやり抜いたことを選んだ）

セミナー

・選考と関係のあるものだった
・服装：リクルートスーツ
・内容：5月にエントリーシート通過後の説明会がある。人数は多いかもしれないがきちんと質問するタイミングも設けられる

筆記試験

・形式：記述式/性格テスト
・内容：一次面接では短文を書く適性検査。二次面接ではＡ４サイズの紙一枚の作文

面接（個人・集団）

・質問内容：グループでの活動で、他人からどんな人といわれているか，日本の食品業界は今後どうなっていくと思うか，どんな商品が欲しいか（キューピー以外もOK）

内定

・通知方法：電話

人事の方がとにかく優しい。名前もちゃんと覚えて
くれるし，いい会社です

総合職事務系（営業）2014卒

エントリーシート

・形式：採用ホームページから記入
・内容：「ゼミ名」「卒論のテーマ」「部活・サークル名」「志望動機」「5つの項
　目のうち2つを選び，テーマに合ったエピソードを記入」「取得資格と語学の
　レベル」「留学経験のある人は国名と期間を記入」

セミナー

・選考とは無関係　服装：リクルートスーツ
・内容：キユーピーが大切にしている考え，社風を丁寧に教えてくれる

筆記試験

・形式：作文とWebテスト。
・科目：数学，算数／国語，漢字／論作文／性格テスト／クリエイティブだった
　エントリーシート通過後にWebテスト（言語・非言語，性格），一次面接時に
　作文（自分史），一次選考通過後にWebテスト（TAL）を実施

面接（個人・集団）

・雰囲気：和やか　回数：4回
・質問内容：一次は自己紹介と強みを1分で，キユーピーで成し遂げたいことな
　ど。二次は大学生活で挫折した経験など。最終（1回目）はあなたを動物にた
　とえると，2回目は50年後の日本とキユーピーについてなど

グループディスカッション

・最終選考で行われた。AさんとBさん，2人の条件が与えられて，どちらがサ
　ブリーダーに向いているかを話し合う。最終まで残っている学生たちのGDな
　のでレベルが高く，勉強になることが多かった

● その他受験者からのアドバイス

・圧迫等は一切無く，実力を発揮できるような雰囲気作りに努めてくれた。
　最終選考では，学生同士が仲良くなれるようなシステムになっていた

会社研究や業界研究は，本当に大事です

総合職技術系 2014卒

エントリーシート

・形式：採用ホームページから記入
・内容：「志望動機」「5項目から2つを選び，テーマに合ったエピソードを記入」
（人との関わりで成長したこと，果敢に挑戦し変化を起こさせたこと，大きな
成果を挙げられたこと，自分のアイデアが形になったこと，あきらめずにやり
抜いたこと）

セミナー

・選考とは無関係　服装：リクルートスーツ

筆記試験

・形式：Webテスト
・科目：数学，算数／国語，漢字／性格テストだった。
　エントリーシート提出後にSPI，一次通過後にTAL（性格）を実施した

面接（個人・集団）

・雰囲気：和やか　回数：3回
・質問内容：一次は学生6：面接官2。自己PR，なぜこの時期（夏季）にキユー
　ピーかなど。二次は学生3：面接官2。一番怒ったエピソードなど。最終は学
　生4：面接官7ぐらい。食に関する思い出深いエピソードなど

グループディスカッション

・テーマ：「新プロジェクトのリーダーであるあなたは，AとBのどちらをサブリー
　ダーにするか」

内定

・拘束や指示：就活を終了するよう指示された

● その他受験者からのアドバイス

・小売店に棚に並んでいる商品や，消費者の選定基準などを見に行って，面
　接で話すとおもしろがられる
・提出物はスピードが命。締切ぎりぎりまで引っ張らないように

人事のチームは優秀な方が多い。最終選考に進んだ学生の顔と名前を全て暗記していた

総合職 2013卒

エントリーシート

・形式：採用ホームページから記入
・内容：「志望動機」「4つの項目から2つを選び，テーマに合ったエピソードを記入」（人との関わりを通じて成長したこと，自分のアイデアが形になったこと，あきらめずにやり抜いたこと，大きな成果を挙げたこと）

セミナー

・選考とは無関係　服装：リクルートスーツ
・内容：キユーピーの企業としての考え方を丁寧に教えてくれる

筆記試験

・形式：マークシートと作文
・科目：数学，算数／国語，漢字／論作文／性格テスト。
・内容：一次面接時に「自分史」についての作文，二次面接時にSPI形式の筆記試験が実施された。

面接（個人・集団）

・雰囲気：和やか　回数：4回
・質問内容：一次…自己PRなど。二次…弱みは，志望職種など。最終（1回目）…自分を動物にたとえるとなど。2回目はあなたは運がいいほうだと思うか

グループディスカッション

・新プロジェクトのリーダーとして，A，B2人のどちらをサブリーダーに選ぶかという内容だった

内定

・通知方法：電話

● その他受験者からのアドバイス

・就活を楽しむぐらいの余裕を持って臨めばうまくいきます。仏頂面の人はだいたい落とされていました
・就活は体力勝負。鬱にならないように注意

✔ 有価証券報告書の読み方

01 部分的に読み解くことからスタートしよう

　「有価証券報告書（以下，有報）」という名前を聞いたことがある人も少なくはないだろう。しかし，実際に中身を見たことがある人は決して多くはないのではないだろうか。有報とは上場企業が年に1度作成する，企業内容に関する開示資料のことをいう。開示項目には決算情報や事業内容について，従業員の状況等について記載されており，誰でも自由に見ることができる。

　一般的に有報は，証券会社や銀行の職員，または投資家などがこれを読み込み，その後の戦略を立てるのに活用しているイメージだろう。その認識は間違いではないが，だからといって就活に役に立たないというわけではない。就活を有利に進める上で，お得な情報がふんだんに含まれているのだ。ではどの部分が役に立つのか，実際に解説していく。

■有価証券報告書の開示内容

　では実際に，有報の開示内容を見てみよう。

有価証券報告書の開示内容
第一部【企業情報】
第1　【企業の概況】
第2　【事業の状況】
第3　【設備の状況】
第4　【提出会社の状況】
第5　【経理の状況】
第6　【提出会社の株式事務の概要】
第7　【提出会社の状参考情報】
第二部【提出会社の保証会社等の情報】
第1　【保証会社情報】
第2　【保証会社以外の会社の情報】
第3　【指数等の情報】

有報は記載項目が統一されているため，どの会社に関しても同じ内容で書かれている。このうち就活において必要な情報が記載されているのは，第一部の第1【企業の概況】～第5【経理の状況】まで，それ以降は無視してしまってかまわない。

02 企業の概況の注目ポイント

第1【企業の概況】には役立つ情報が満載。そんな中，最初に注目したいのは，冒頭に記載されている【主要な経営指標等の推移】の表だ。

回次		第25期	第26期	第27期	第28期	第29期
決算年月		平成24年3月	平成25年3月	平成26年3月	平成27年3月	平成28年3月
営業収益	(百万円)	2,532,173	2,671,822	2,702,916	2,756,165	2,867,199
経常利益	(百万円)	272,182	317,487	332,518	361,977	428,902
親会社株主に帰属する当期純利益	(百万円)	108,737	175,384	199,939	180,397	245,309
包括利益	(百万円)	109,304	197,739	214,632	229,292	217,419
純資産額	(百万円)	1,890,633	2,048,192	2,199,357	2,304,976	2,462,537
総資産額	(百万円)	7,060,409	7,223,204	7,428,303	7,605,690	7,789,762
1株当たり純資産額	(円)	4,738.51	5,135.76	5,529.40	5,818.19	6,232.40
1株当たり当期純利益	(円)	274.89	443.70	506.77	458.95	625.82
潜在株式調整後1株当たり当期純利益	(円)	―	―	―	―	―
自己資本比率	(%)	26.5	28.1	29.4	30.1	31.4
自己資本利益率	(%)	5.9	9.0	9.5	8.1	10.4
株価収益率	(倍)	19.0	17.4	15.0	21.0	15.5
営業活動によるキャッシュ・フロー	(百万円)	558,650	588,529	562,763	622,762	673,109
投資活動によるキャッシュ・フロー	(百万円)	△370,684	△465,951	△474,697	△476,844	△499,575
財務活動によるキャッシュ・フロー	(百万円)	△152,428	△101,151	△91,367	△86,636	△110,265
現金及び現金同等物の期末残高	(百万円)	167,525	189,262	186,057	245,170	307,809
従業員数[ほか、臨時従業員数]	(人)	71,729 [27,746]	73,017 [27,312]	73,551 [27,736]	73,329 [27,313]	73,053 [26,147]

見慣れない単語が続くが，そう難しく考える必要はない。特に注意してほしいのが，**営業収益**，**経常利益**の二つ。営業収益とはいわゆる**総売上額**のことであり，これが企業の本業を指す。その営業収益から営業費用（営業費（販売費＋一般管理費）＋売上原価）を差し引いたものが**営業利益**となる。会社の業種はなんであれ，モノを顧客に販売した合計値が営業収益であり，その営業収益から人件費や家賃，広告宣伝費などを差し引いたものが営業利益と覚えておこう。対して経常利益は営業利益から本業以外の損益を差し引いたもの。いわゆる金利による収益や不動産収入などがこれにあたり，本業以外でその会社がどの程度の力をもっているかをはかる絶好の指標となる。

■会社のアウトラインを知れる情報が続く。

　この主要な経営指標の推移の表につづいて、「会社の沿革」、「事業の内容」、「関係会社の状況」、「従業員の状況」などが記載されている。自分が試験を受ける企業のことを、より深く知っておくにこしたことはない。会社がどのように発展してきたのか、主としている事業はどのようなものがあるのか、従業員数や平均年齢はどれくらいなのか、志望動機などを作成する際に役立ててほしい。

03 事業の状況の注目ポイント

　第2となる【事業の状況】において、最重要となるのは**業績等の概要**といえる。ここでは1年間における収益の増減の理由が文章で記載されている。「○○という商品が好調に推移したため、売上高は△△になりました」といった情報が、比較的易しい文章で書かれている。もちろん、損失が出た場合に関しても包み隠さず記載してあるので、その会社の1年間の動向を知るための格好の資料となる。

　また、業績については各事業ごとに細かく別れて記載してある。例えば鉄道会社ならば、①運輸業、②駅スペース活用事業、③ショッピング・オフィス事業、④その他といった具合だ。**どのサービス・商品がどの程度の売上を出したのか**、会社の持つ展望として、今後**どの事業をより活性化**していくつもりなのか、などを意識しながら読み進めるとよいだろう。

■「対処すべき課題」と「事業等のリスク」

　業績等の概要と同様に重要となるのが、「**対処すべき課題**」と「**事業等のリスク**」の2項目といえる。ここで読み解きたいのは、その会社の**今後の伸びしろ**について。いま、会社はどのような状況にあって、どのような課題を抱えているのか。また、その課題に対して取られている対策の具体的な内容などから経営方針などを読み解くことができる。リスクに関しては法改正や安全面、他の企業の参入状況など、会社にとって決してプラスとは言えない情報もつつみ隠さず記載してある。客観的にその会社を再評価する意味でも、ぜひ目を通していただきたい。

　次代を担う就活生にとって、ここの情報はアピールポイントとして組み立てやすい。「新事業の○○の発展に際して……」、「御社が抱える●●というリスクに対して……」などという発言を面接時にできれば、面接官の心証も変わってくるはずだ。

　最後に注目したいのが，第5【経理の状況】だ。ここでは，簡単にいえば【主要な経営指標等の推移】の表をより細分化した表が多く記載されている。ここの情報をすべて理解するのは，簿記の知識がないと難しい。しかし，そういった知識があまりなくても，読み解ける情報は数多くある。例えば**損益計算書**などがそれに当たる。

連結損益計算書

(単位：百万円)

	前連結会計年度 (自　平成26年4月1日 至　平成27年3月31日)	当連結会計年度 (自　平成27年4月1日 至　平成28年3月31日)
営業収益	2,756,165	2,867,199
営業費		
運輸業等営業費及び売上原価	1,806,181	1,841,025
販売費及び一般管理費	※1 522,462	※1 538,352
営業費合計	2,328,643	2,379,378
営業利益	427,521	487,821
営業外収益		
受取利息	152	214
受取配当金	3,602	3,703
物品売却益	1,438	998
受取保険金及び配当金	8,203	10,067
持分法による投資利益	3,134	2,565
雑収入	4,326	4,067
営業外収益合計	20,858	21,616
営業外費用		
支払利息	81,961	76,332
物品売却損	350	294
雑支出	4,090	3,908
営業外費用合計	86,403	80,535
経常利益	361,977	428,902
特別利益		
固定資産売却益	※4 1,211	※4 838
工事負担金等受入額	※5 59,205	※5 24,487
投資有価証券売却益	1,269	4,473
その他	5,016	6,921
特別利益合計	66,703	36,721
特別損失		
固定資産売却損	※6 2,088	※6 1,102
固定資産除却損	※7 3,957	※7 5,105
工事負担金等圧縮額	※8 54,253	※8 18,346
減損損失	※9 12,738	※9 12,297
耐震補強重点対策関連費用	8,906	10,288
災害損失引当金繰入額	1,306	25,085
その他	30,128	8,537
特別損失合計	113,379	80,763
税金等調整前当期純利益	315,300	384,860
法人税，住民税及び事業税	107,540	128,972
法人税等調整額	26,202	9,326
法人税等合計	133,742	138,298
当期純利益	181,558	246,561
非支配株主に帰属する当期純利益	1,160	1,251
親会社株主に帰属する当期純利益	180,397	245,309

　主要な経営指標等の推移で記載されていた**経常利益**の算出する上で必要な営業外収益などについて，詳細に記載されているので，一度目を通しておこう。
　いよいよ次ページからは実際の有報が記載されている。ここで得た情報をもとに有報を確実に読み解き，就職活動を有利に進めよう。

✔ 有価証券報告書

企業の概況

1 主要な経営指標等の推移

（1） 連結経営指標等 ··

回次		第106期	第107期	第108期	第109期	第110期
決算年月		2018年11月	2019年11月	2020年11月	2021年11月	2022年11月
売上高	（百万円）	573,525	545,723	531,103	407,039	430,304
経常利益	（百万円）	34,349	33,275	28,989	29,698	27,249
親会社株主に帰属する当期純利益	（百万円）	18,320	18,698	11,591	18,014	16,033
包括利益	（百万円）	17,786	17,646	14,347	24,546	32,635
純資産額	（百万円）	266,100	276,753	287,356	269,301	294,623
総資産額	（百万円）	419,736	444,309	454,276	381,003	403,384
1株当たり純資産額	（円）	1,582.27	1,646.73	1,676.05	1,767.14	1,925.54
1株当たり当期純利益	（円）	124.85	130.72	81.04	128.17	115.34
潜在株式調整後1株当たり当期純利益	（円）	—	—	—	—	—
自己資本比率	（%）	53.9	53.0	52.8	64.5	66.4
自己資本利益率	（%）	8.1	8.1	4.9	7.4	6.2
株価収益率	（倍）	22.1	18.6	26.8	18.0	21.2
営業活動によるキャッシュ・フロー	（百万円）	41,778	43,916	34,955	38,533	27,199
投資活動によるキャッシュ・フロー	（百万円）	△20,199	△29,720	△26,039	△20,277	△15,947
財務活動によるキャッシュ・フロー	（百万円）	△15,293	△4,602	5	△18,701	△16,812
現金及び現金同等物の期末残高	（百万円）	47,970	56,777	65,777	66,703	65,335
従業員数 （外、平均臨時雇用者数）	（人）	14,808 (9,843)	15,452 (9,404)	16,003 (9,268)	10,719 (5,166)	10,696 (5,089)

（注） 1. 「潜在株式調整後1株当たり当期純利益」については，潜在株式が存在していないため記載していません。

2. 「『税効果会計に係る会計基準』の一部改正」（企業会計基準第28号 2018年2月16日）等を第107期の期首から適用しており，第106期に係る主要な経営指標等につきましては，当該会計基準等を遡及適用後の数値となっています。

ⓟⓞⓘⓝⓣ **主要な経営指標等の推移**

数年分の経営指標の推移がコンパクトにまとめられている。見るべき箇所は連結の売上，利益，株主資本比率の3つ。売上と利益は順調に右肩上がりに伸びているか，逆に利益で赤字が続いていたりしないかをチェックする。株主資本比率が高いとリーマンショックなど景気が悪化したときなどでも経営が傾かないという安心感がある。

3. 第109期において，企業結合に係る暫定的な会計処理の確定を行っており，第108期に係る主要な経営指標等につきましては，暫定的な会計処理の確定の内容を反映させた遡及適用後の数値となっています。

4. 第109期において，株式会社キユーソー流通システムの株式の一部を譲渡したため，同社および同社の子会社は，連結子会社から持分法適用関連会社へと変更になっています。

(2) 提出会社の経営指標等 ···

回次		第106期	第107期	第108期	第109期	第110期
決算年月		2018年11月	2019年11月	2020年11月	2021年11月	2022年11月
売上高	（百万円）	203,449	192,881	176,734	178,513	184,084
経常利益	（百万円）	16,400	17,245	16,214	15,518	15,110
当期純利益	（百万円）	11,586	12,453	9,794	11,009	12,644
資本金	（百万円）	24,104	24,104	24,104	24,104	24,104
発行済株式総数	（株）	150,000,000	150,000,000	150,000,000	141,500,000	141,500,000
純資産額	（百万円）	147,756	153,101	156,326	151,519	158,264
総資産額	（百万円）	252,009	259,373	250,929	254,560	252,832
1株当たり純資産額	（円）	1,032.95	1,070.33	1,092.88	1,090.03	1,138.56
1株当たり配当額 （内1株当たり中間配当額）	（円）	38.0 (19.0)	45.0 (20.0)	40.0 (20.0)	47.0 (20.0)	47.0 (20.0)
1株当たり当期純利益	（円）	78.96	87.06	68.47	78.33	90.96
潜在株式調整後1株当たり 当期純利益	（円）	—	—	—	—	—
自己資本比率	（％）	58.6	59.0	62.3	59.5	62.6
自己資本利益率	（％）	7.7	8.3	6.3	7.2	8.2
株価収益率	（倍）	34.9	27.9	31.8	29.5	26.9
配当性向	（％）	48.1	51.7	58.4	60.0	51.7
従業員数 （外、平均臨時雇用者数）	（人）	2,508 (774)	2,447 (738)	2,426 (569)	2,394 (537)	2,408 (538)
株主総利回り （比較指標：配当込みTOPIX）	（％）	96.8 (95.1)	87.2 (99.4)	79.6 (105.1)	85.9 (118.0)	92.3 (124.8)
最高株価	（円）	3,145	2,782	2,496	2,813	2,558
最低株価	（円）	2,435	2,303	1,783	2,123	2,083

（注） 1. 「潜在株式調整後1株当たり当期純利益」については，潜在株式が存在していないため記載していません。

2. 「『税効果会計に係る会計基準』の一部改正」（企業会計基準第28号 2018年2月16日）等を第107期の期首から適用しており，第106期に係る主要な経営指標等につきましては，当該会計基準等を遡及適用後の数値となっています。

3. 最高株価及び最低株価は，2022年4月4日より東京証券取引所プライム市場におけるもので，それ

(point) **沿革**

どのように創業したかという経緯から現在までの会社の歴史を年表で知ることができる。過去に行った重要なM＆Aなどがいつ行われたのか，ブランド名はいつから使われているのか，いつ頃から海外進出を始めたのか，など確認することができて便利だ。

2 沿革

1919年11月	・各種ソースならびに加工食料品の製造を目的として，東京都中野区小滝町に食品工業株式会社として設立される。
1925年3月	・キユーピーマヨネーズの製造を開始する。
1938年3月	・兵庫県川辺郡稲野村（現 伊丹市）に稲野工場（旧 伊丹工場）を設置し，マヨネーズやフルーツ缶詰の製造を行う。
1948年3月	・原料の入手困難に伴い一時中止していたマヨネーズの製造を再開する。
1951年10月	・東京都北多摩郡神代村（現 調布市）に東京工場（旧 仙川工場）を設置，マヨネーズの製造を行う。
1957年9月	・社名を食品工業株式会社からキユーピー株式会社へ変更する。
1958年12月	・愛知県挙母市（現 豊田市）に挙母工場を設置する。
1960年2月	・本社を東京都調布市仙川町に移転する。
1962年8月	・マヨネーズの主原料である食酢の製造販売を目的として，西府産業株式会社（現 キユーピー醸造株式会社）を設立する。
1964年2月	・佐賀県鳥栖市に鳥栖工場を設置する。
1966年2月	・当社の倉庫部門を分離し，キユーピー倉庫株式会社（現 株式会社キユーソー流通システム）を設立する。
1969年2月	・本社を東京都渋谷区渋谷1丁目4番13号に移転する。
1970年7月	・株式を東京証券取引所市場第二部に上場する。
1972年3月	・茨城県猿島郡五霞村（現 五霞町）に五霞工場を設置する。
同年12月	・製品の一括販売先であった株式会社中島董商店の得意先販売網などを引き継いで自社販売とし，20営業所を展開する。
1973年4月	・株式が東京証券取引所市場第一部銘柄に指定される。
同年9月	・冷凍冷蔵食品の販売を目的として，株式会社キユーピーフローズン（現 デリア食品株式会社）を設立する。
1977年5月	・卵素材品の販売部門を分離独立させ，キユーピータマゴ株式会社を設立する。
同年12月	・東京都府中市にある旧仙川工場の分工場を中河原工場として独立させる。
1981年12月	・ファインケミカル分野へ進出し，卵黄レシチンなどの製造を開始する。
1982年3月	・米国におけるマヨネーズ・ドレッシング類の製造販売のため，カリフォルニア州にQ&B FOODS, INC.を設立する。
同年5月	・大阪府泉佐野市に旧伊丹工場の分工場として泉佐野分工場（現 泉佐野工場）を設置する。

1988年12月	・青森県三戸郡階上町に中河原工場の分工場として階上工場を設置する。
1993年12月	・中国における調味料の製造販売を目的として，北京丘比食品有限公司を設立する。
1994年4月	・タイ国の提携先であるサハ・パタナ社と共同でAKESAOVAROS CO., LTD. （現 KEWPIE（THAILAND）CO.,LTD.）を設立する。
2002年4月	・中国における製造能力の増強を目的として，杭州丘比食品有限公司を設立する。
2009年6月	・マレーシアにおける調味料等の製造販売を目的として，KEWPIE MALAYSIA SDN. BHD.を設立する。
2010年11月	・ベトナムにおける調味料等の製造販売を目的として，KEWPIE VIETNAM CO., LTD.を設立する。
2013年2月	・インドネシアにおける調味料等の製造販売を目的として，PT KEWPIE INDONESIAを設立する。
同年10月	・旧仙川工場跡地に,研究開発機能とグループのオフィス機能をあわせ持つ「仙川キユーポート」を開設する。
2014年12月	・パン周り商品販売事業をアヲハタ株式会社へ分割譲渡し，同社を連結子会社とする。
2015年8月	・中国における原料供給と新規カテゴリーの生産を目的として，南通丘比食品有限公司を設立する。
2016年8月	・兵庫県神戸市に神戸工場を設置する。
同年9月	・ポーランドにおける調味料等の製造販売を目的として，Kewpie Poland Sp. z o. o.（現 Mosso Kewpie Poland Sp. z o. o.）を設立する。
同年12月	・中国における事業全体の経営管理機能を強化することを目的として，中国統括会社である丘比（中国）有限公司を設立する。
2018年2月	・中国における製造能力の増強を目的として，広州丘比食品有限公司を設立する。
同年6月	・フィリピンにおける調味料等の輸入販売を目的として，Kewpie Philippines, Inc.を設立する。
2020年2月	・旧伊丹工場跡地に，生販物一体型の拠点である「関西キユーポート」を開設する。
同年10月	・シンガポールにおける調味料等の輸入販売を目的として，MINATO SINGAPORE PTE. LTD.の株式を取得し，KEWPIE SINGAPORE PTE. LTD.に変更する。
2021年1月	・連結子会社であった株式会社キユーソー流通システムの株式の一部を譲渡し，同社および同社の子会社14社を連結子会社から持分法適用関連会社へ変更する。

(point) 事業の内容

　会社の事業がどのようにセグメント分けされているか，そして各セグメントではどのようなビジネスを行っているかなどの説明がある。また最後に事業の系統図が載せてあり，本社，取引先，国内外子会社の製品・サービスや部品の流れが分かる。ただセグメントが多いコングロマリットをすぐに理解するのは簡単ではない。

2022年4月	・野菜の魅力を体験できる複合型施設「深谷テラス ヤサイな仲間たちファーム」の運営を目的として，深谷ベジタブルコミュニケーション株式会社を設立する。 ・東京証券取引所の市場区分の見直しにより，東京証券取引所のプライム市場に移行する。

3　事業の内容

　当社グループ（当社および当社の関係会社）は，当社，子会社57社，関連会社26社およびその他の関係会社1社により構成されており，食品の製造販売を主たる業務としています。

　当社グループの事業内容および当社と主要な関係会社の当該事業における位置づけの概略は次のとおりです。

　なお，下記事業区分は，報告セグメントと同一の区分です。

事 業 区 分	当社および主要な関係会社	主な取扱商品・サービス
市販用	キユーピー株式会社 株式会社ケイパック 株式会社ディスペンパックジャパン	マヨネーズ・ドレッシング類
	デリア食品株式会社 株式会社旬菜デリ	サラダ・惣菜等
	株式会社サラダクラブ	パッケージサラダ等
業務用	キユーピー株式会社	マヨネーズ・ドレッシング類
	キユーピータマゴ株式会社 株式会社全農・キユーピー・エツグステーション	液卵、鶏卵加工品等
	キユーピー醸造株式会社	食酢等
海外	キユーピー株式会社 杭州丘比食品有限公司 北京丘比食品有限公司 Q&B FOODS, INC. KEWPIE(THAILAND)CO., LTD.	マヨネーズ・ドレッシング類
フルーツ ソリューション	アヲハタ株式会社	ジャム類、フルーツ加工品等
ファインケミカル	キユーピー株式会社	ヒアルロン酸等
共通	株式会社芝製作所	食品製造機械の販売

　以上の当社グループの状況について事業系統図を示すと，次頁のとおりです。

　なお，アヲハタ株式会社（連結子会社）は，東京証券取引所スタンダード市場

に株式を上場しています。

[事業系統図]

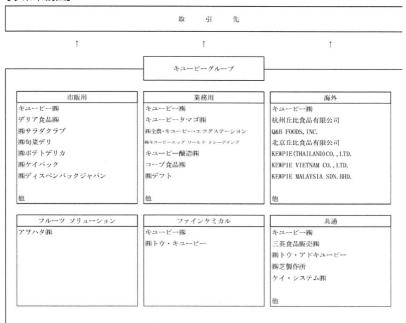

（1）　親会社 ··

該当ありません。

（2）　連結子会社 ··

名称	住所	資本金又は出資金	主要な事業の内容	議決権の所有割合(%)	関係内容			
					役員の兼任	資金援助	営業上の取引	設備の賃貸借
キユーピータマゴ㈱ ※1,3	東京都調布市	百万円 350	液卵・凍結卵・卵加工品等の製造および販売	100.0	役員1名 従業員6名	ありません	商品および原料の仕入他	事務所および工場の賃貸
デリア食品㈱ ※1,3	東京都調布市	百万円 50	サラダ・惣菜等の販売	100.0	役員3名 従業員6名	ありません	製商品の販売	事務所の賃貸
キユーピー醸造㈱	東京都調布市	百万円 100	食酢の製造および販売	100.0	役員1名 従業員4名	ありません	商品および原料の仕入	事務所の賃貸
三英食品販売㈱	東京都調布市	百万円 57	業務用製品の販売	66.2	従業員4名	ありません	商品の販売および原料の仕入	事務所の賃貸
コープ食品㈱	東京都調布市	百万円 50	瓶缶詰・レトルト食品等の製造および販売	100.0	従業員3名	百万円 106	商品の仕入	事務所の賃貸
コープ食品㈱	熊本県熊本市	百万円 10	食料品の製造加工販売	51.0 (51.0)	役員1名 従業員1名	ありません	ありません	ありません
㈱全農・キユーピー・エツグステーション	茨城県猿島郡五霞町	百万円 100	乾燥卵・液卵等の製造および販売	51.4	役員2名 従業員4名	百万円 176	原料の仕入	工場の賃貸
Q&B FOODS, INC.	米国カリフォルニア州	千米ドル 4,800	調味料等の製造および販売	100.0 (100.0)	従業員3名	ありません	ありません	ありません
KIFUKI U.S.A. CO., INC.	米国デラウェア州	米ドル 7.17	米国関係会社の株式保有および統轄管理	100.0	従業員2名	ありません	ありません	ありません
㈱草加デリカ	埼玉県草加市	百万円 98	惣菜類の製造および販売	100.0	従業員5名	百万円 278	製商品の販売	ありません
階上キユーピー㈱	青森県三戸郡階上町	百万円 10	食料品の製造加工および業務請負	100.0	従業員2名	ありません	製造の業務委託	工場の賃貸
㈱ディスペンパックジャパン	神奈川県南足柄市	百万円 140	食品類の製造販売および小分包装加工	51.0	役員1名 従業員4名	ありません	商品の仕入	事務所および工場の賃貸
㈱芝製作所	神奈川県川崎市川崎区	百万円 20	機械製造	100.0	従業員4名	ありません	機械の購入	ありません
㈱ポテトデリカ	長野県安曇野市	百万円 50	冷凍・冷蔵食品類の製造	100.0 (0.9)	従業員6名	百万円 387	商品の仕入	工場の賃貸
㈱デフト	東京都渋谷区	百万円 10	調味料・冷食および加工食品販売	100.0	従業員4名	ありません	製商品の販売	事務所の賃貸
ケイ・システム㈱	東京都町田市	百万円 50	コンピュータによる各種計算書の受託業務	80.0	従業員3名	ありません	事務の業務委託	事務所の賃貸
㈱ケイパック	茨城県猿島郡五霞町	百万円 30	調味料の製造および販売	100.0	役員1名 従業員6名	ありません	商品の仕入	事務所の賃貸
鳥栖キユーピー㈱	佐賀県鳥栖市	百万円 10	食料品の製造加工および業務請負	100.0	従業員2名	ありません	製造の業務委託	工場の賃貸

point　関係会社の状況

主に子会社のリストであり,事業内容や親会社との関係についての説明がされている。特に製造業の場合などは子会社の数が多く,すべてを把握することは難しいが,重要な役割を担っている子会社も多くある。有報の他の項目では一度も触れられていない場合が多いので,気になる会社については個別に調べておくことが望ましい。

名称	住所	資本金又は出資金	主要な事業の内容	議決権の所有割合(%)	関係内容			
					役員の兼任	資金援助	営業上の取引	設備の賃貸借
杭州丘比食品有限公司	中国浙江省	百万元140	調味料等の製造および販売	72.0 (72.0)	従業員6名	ありません	ありません	ありません
㈱セトデリカ	愛知県瀬戸市	百万円30	惣菜類の製造および販売	100.0 (100.0)	従業員4名	百万円370	製商品の販売	ありません
㈱イシカリデリカ	北海道札幌市手稲区	百万円30	惣菜類の製造および販売	100.0 (100.0)	従業員4名	ありません	製商品の販売	ありません
㈱ハンシンデリカ	兵庫県伊丹市	百万円10	惣菜類の製造および販売	100.0 (100.0)	従業員6名	ありません	製商品の販売	工場の賃貸
㈱サラダクラブ	東京都調布市	百万円300	生鮮野菜の加工および販売	51.0	役員2名 従業員3名	ありません	製商品の販売	事務所および工場の賃貸
北京丘比食品有限公司 ※1	中国北京市	百万元211	調味料等の製造および販売	72.0 (72.0)	従業員6名	ありません	ありません	ありません
㈱トスデリカ	佐賀県鳥栖市	百万円10	惣菜類の製造および販売	100.0 (100.0)	従業員4名	ありません	製商品の販売	工場の賃貸
㈱キユーピーあい	東京都町田市	百万円30	コンピュータによる各種入力および計算処理業務	100.0	従業員5名	ありません	事務の業務委託	事務所の賃貸
㈱キタカミデリカ	岩手県北上市	百万円20	惣菜類の製造および販売	100.0 (100.0)	従業員5名	ありません	製商品の販売	ありません
㈱ケイ・エスエス	東京都渋谷区	百万円10	販売促進業務の企画、製作およびサービス	100.0	従業員3名	ありません	販売の業務委託	事務所の賃貸
KEWPIE (THAILAND) CO., LTD. ※4	タイバンコク	百万バーツ268	調味料、食酢、サラダ、加工食品の製造および販売	45.3	役員2名 従業員4名	ありません	ありません	ありません
㈱旬菜デリ	東京都昭島市	百万円20	惣菜類の製造および販売	100.0 (100.0)	従業員7名	ありません	製商品の販売	工場の賃貸
KEWPIE MALAYSIA SDN. BHD.	マレーシアマラッカ	百万リンギット57	調味料等の製造および販売	70.0	従業員4名	ありません	ありません	ありません
KEWPIE VIETNAM CO., LTD.	ベトナムビンズオン	億ドン2,564	調味料等の製造および販売	80.0	従業員3名	ありません	製商品の販売	ありません
PT KEWPIE INDONESIA	インドネシア西ジャワ州	億ルピア2,558	調味料等の製造および販売	60.0 (3.5)	従業員3名	ありません	ありません	ありません
㈱キユーピーエッグワールド トレーディング	東京都調布市	百万円100	卵・卵加工品等の販売	100.0 (51.0)	従業員5名	百万円196	原料の仕入	事務所の賃貸
㈱グリーンメッセージ	神奈川県大和市	百万円100	生鮮野菜の加工および販売	51.0	役員1名 従業員4名	百万円286	製品の販売	ありません
㈱トウ・キユーピー	東京都渋谷区	百万円10	通信販売業	70.0	従業員4名	ありません	製商品の販売	事務所の賃貸
アヲハタ㈱ ※2,4,5	広島県竹原市	百万円915	ジャム類、フルーツ加工品等の製造および販売	44.8 [11.1]	ありません	ありません	商品の仕入	事務所の賃貸
南通丘比食品有限公司 ※1	中国江蘇省	百万元184	食酢、卵加工品、サラダ等の製造および販売	72.0 (72.0)	従業員6名	ありません	ありません	ありません

名称	住所	資本金又は出資金	主要な事業の内容	議決権の所有割合(%)	関係内容			
					役員の兼任	資金援助	営業上の取引	設備の賃貸借
Mosso Kewpie Poland Sp. z o.o. ※1	ポーランドブハウィ	千ズロチ 160,300	調味料等の製造および販売	100.0	従業員4名	百万円 保証債務 2,147	ありません	ありません
㈱トウ・アドキューピー ※4	東京都 渋谷区	百万円 4	広告、宣伝、展示の受託業務	50.0	従業員4名	ありません	広告業の仲介	事務所の賃貸
丘比(中国)有限公司 ※1	中国 北京市	百万元 723	中国現地法人の資金管理および経営管理	100.0	従業員5名	ありません	ありません	ありません
広州丘比食品有限公司 ※1	中国 広東省	百万元 270	調味料等の製造および販売	72.0 (72.0)	従業員6名	ありません	ありません	ありません
Kewpie Philippines, Inc.	フィリピンマニラ市	百万フィリピンペソ 50	調味料等の販売	100.0	従業員3名	百万円 保証債務 83	ありません	ありません
つくば鶏卵加工㈱	茨城県 つくば市	百万円 100	鶏卵加工品の製造および販売	51.0 (51.0)	従業員2名	ありません	ありません	ありません
KEWPIE SINGAPORE PTE. LTD.	シンガポールシンガポール	百万シンガポールドル 1	調味料等の販売	80.0	従業員2名	ありません	製商品の販売	ありません
Kewpie Trading Europe B. V.	オランダアムステルダム	千ユーロ 181	調味料等の販売	100.0	従業員3名	百万円 215	製品の販売	ありません

(3) 持分法適用関連会社 ···

名称	住所	資本金又は出資金	主要な事業の内容	議決権の所有割合(%)	関係内容			
					役員の兼任	資金援助	営業上の取引	設備の賃貸借
サミット製油㈱	千葉県 千葉市 美浜区	百万円 97	植物油脂の製造	49.0	役員1名 従業員1名	ありません	製品の売上および原料の仕入	ありません
くにみ農産加工㈲	大分県 国東市	百万円 80	冷凍・冷蔵食品類の製造および販売	20.6	従業員2名	百万円 95	商品の仕入	ありません
㈱トウ・ソリューションズ	東京都 調布市	百万円 90	コンピュータシステムの企画、開発、販売、保守および運用支援	20.0	従業員2名	ありません	計算事務の委託 他	事務所の賃貸および事務機器の賃借
㈱キユーソー流通システム ※2	東京都 調布市	百万円 4,063	倉庫業および運送取扱業	43.6 (0.3)	従業員1名	ありません	グループの商品、原料等の保管および運送取扱委託	事務所、土地および倉庫の賃貸
㈱エスワイプロモーション ※6	東京都 江東区	百万円 200	運送取扱業	37.4	従業員1名	ありません	運送取扱委託	ありません
キユーソーティス㈱ ※6	東京都 調布市	百万円 82	倉庫業および運送取扱業	—	ありません	ありません	ありません	ありません
キユーソーサービス㈱ ※6	東京都 調布市	百万円 30	車輌機器販売業	—	ありません	ありません	工場用車両の賃借	工場用車両の賃借
㈱サンエー物流 ※6	東京都 昭島市	百万円 38	運送取扱業	—	ありません	ありません	ありません	ありません
アクシアロジ㈱ ※6	大阪府 枚方市	百万円 66	運送取扱業	—	ありません	ありません	ありません	ありません

名称	住所	資本金又は出資金	主要な事業の内容	議決権の所有割合(%)	関係内容			
					役員の兼任	資金援助	営業上の取引	設備の賃貸借
㈱サンファミリー ※6	埼玉県吉川市	百万円 99	運送取扱業	―	ありません	ありません	ありません	ありません
キユーソーアレスト㈱ ※6	大阪府枚方市	百万円 20	運送取扱業	―	ありません	ありません	ありません	ありません
㈱フレッシュデリカネットワーク ※6	東京都府中市	百万円 20	運送取扱業	49.0	従業員3名	ありません	ありません	駐車場の賃貸
㈱久松運輸 ※6	香川県綾歌郡宇多津町	百万円 20	運送取扱業	―	ありません	ありません	ありません	ありません
PT Kiat Ananda Cold Storage ※6	インドネシア西ジャワ州	億ルピア 105	倉庫業	―	ありません	ありません	ありません	ありません
PT Ananda Solusindo ※6	インドネシア西ジャワ州	億ルピア 910	倉庫業	―	ありません	ありません	ありません	ありません
PT Manggala Kiat Ananda ※6	インドネシアジャカルタ	億ルピア 504	運送取扱業	―	ありません	ありません	ありません	ありません
PT Trans Kontainer Solusindo ※6	インドネシア西ジャワ州	億ルピア	船舶貨物業	―	ありません	ありません	ありません	ありません

(注) 1. ※1　特定子会社です。
　　　2.　　　議決権の所有割合の（　）内は，間接所有割合で内数です。
　　　3. ※2　有価証券報告書提出会社です。
　　　4. ※3　キユーピータマゴ（株）は，連結売上高に占める売上高（連結会社相互間の内部売上高を除く。）の割合が10%を超えています。

　　　　　　主要な損益情報等　(1)　売上高　　　　101,187百万円
　　　　　　　　　　　　　　　(2)　経常利益　　　　2,288百万円
　　　　　　　　　　　　　　　(3)　当期純利益　　　　934百万円
　　　　　　　　　　　　　　　(4)　純資産額　　　38,202百万円
　　　　　　　　　　　　　　　(5)　総資産額　　　50,215百万円

　　　　　　デリア食品（株）は，連結売上高に占める売上高（連結会社相互間の内部売上高を除く。）の割合が10%を超えています。

　　　　　　主要な損益情報等　(1)　売上高　　　　63,739百万円
　　　　　　　　　　　　　　　(2)　経常利益　　　　2,583百万円
　　　　　　　　　　　　　　　(3)　当期純利益　　　2,036百万円
　　　　　　　　　　　　　　　(4)　純資産額　　　　6,270百万円
　　　　　　　　　　　　　　　(5)　総資産額　　　13,215百万円

　　　5. ※4　持分は100分の50以下ですが，実質的に支配しているため子会社としたものです。
　　　6. ※5　議決権の所有割合の［　］内は，緊密な者または同意している者の所有割合で外数です。
　　　7. ※6　株式会社キユーソー流通システムの連結子会社です。

(4) その他の関係会社 ・・・

名称	住所	資本金又は出資金	主要な事業の内容	議決権の被所有割合(%)	関係内容			
					役員の兼任	資金援助	営業上の取引	設備の賃貸借
㈱中島董商店	東京都渋谷区	百万円 50	各種加工食品の販売	16.7 (8.0)	役員2名 従業員1名	ありません	商品の仕入他	事務所の賃貸

(注)議決権の被所有割合の( )内は,間接被所有割合で内数です。

---

5 従業員の状況

(1) 連結会社の状況 ・・・

2022年11月30日現在

従業員数（人）
10,696 (5,089)

(注)従業員数は就業人員（当社グループからグループ外への出向者を除き,グループ外から当社グループへの出向者を含むほか,嘱託を含む）であり,臨時雇用者数は( )内に年間の平均人員を外数で記載しています。

(2) 提出会社の状況 ・・・

2022年11月30日現在

従業員数（人）	平均年齢（歳）	平均勤続年数（年）	平均年間給与（円）
2,408 (538)	41.6	16.2	6,131,717

(注) 1. 従業員数は就業人員（当社から社外への出向者を除き,社外から当社への出向者を含むほか,嘱託を含む）であり,臨時雇用者（パートタイマー,アルバイトおよび季節社員）の人数は( )内に年間の平均人員を外数で記載しています。
   2. 平均年間給与は税込み実績であり,基準外賃金および賞与を含めています。

(3) 労働組合の状況 ・・・

　当社グループにおける主な労働組合であるキユーピー労働組合は,1962年7月14日に結成されています。

　労使関係は安定しており,特記すべき事項はありません。

(point) 従業員の状況

　主力セグメントや,これまで会社を支えてきたセグメントの人数が多い傾向があるのは当然のことだろう。上場している大企業であれば平均年齢は40歳前後だ。また労働組合の状況にページが割かれている場合がある。その情報を載せている背景として,労働組合の力が強く,人数を削減しにくい企業体質だということを意味している。

1 経営方針，経営環境及び対処すべき課題等

　文中の将来に関する事項は，当連結会計年度末現在において当社グループが判断したものです。

(1)　会社の経営の基本方針 ···

　当社グループは，人が生きていくうえで欠かすことのできない食の分野を受け持つ企業グループとして，「おいしさ・やさしさ・ユニークさ」をもって，世界の食と健康に貢献することをめざしています。

　事業活動と社会活動をともに推進することで，サラダとタマゴのおいしさと魅力を世界にお届けし，健康的な食生活の実現と豊かな食文化の創出をめざします。また，私たちの活動は自然の恵みによって支えられています。持続可能な社会の実現に貢献するとともに，資源の有効活用と環境保全に真摯に取り組むことで，持続可能な地球環境を次世代につなぎます。

　当社グループは，内食・中食・外食に幅広く深く展開しているとともに，赤ちゃんからお年寄りまで，人の一生のさまざまな食の場面に深く関わっています。これからもグループの理念を大切にし，"キユーピーグループならでは"のこだわりある商品とサービスを，心を込めてお届けすることをすべての役員ならびに従業員が常に意識し，実践していきます。

(2)　中長期的な経営戦略，経営環境および対処すべき課題等 ··················

　当社グループは，「おいしさ・やさしさ・ユニークさ」をもって世界の食と健康に貢献するグループをめざし，長期ビジョン「キユーピーグループ 2030 ビジョン」を掲げています。

　近年，少子高齢化，共働きや単身世帯の増加などにより世帯構成が変わり，家庭での調理において時短や簡便性などが求められています。また，食品を購入する場面では EC やドラッグストアなどが広がりをみせています。新型コロナウイルス感染症の世界的な拡大は当社グループの業績へ大きな影響を及ぼすとともに，これらの流れをさらに加速させ，新たな生活様式を生みました。家で過ごす時間

(point) 業績等の概要

　　この項目では今期の売上や営業利益などの業績がどうだったのか，収益が伸びたあるいは減少した理由は何か，そして伸ばすためにどんなことを行ったかということがセグメントごとに分かる。現在，会社がどのようなビジネスを行っているのか最も分かりやすい箇所だと言える。

が増えたことで家庭での調理が見直されるようになり，買い物の回数・時間の減少による容量や日持ち，予防や免疫などの衛生・健康面のニーズでも変化がみられており，新型コロナウイルス感染症の拡大が収束した後も当面続いていくと想定しています。

　2021-2024年度 中期経営計画では，お客様や市場の多様化に対応し，「持続的成長を実現する体質への転換」をテーマとし，「利益体質の強化と新たな食生活創造」「社会・地球環境への取り組みを強化」「多様な人材が活躍できる仕組みづくり」の3つの方針に基づいて，事業活動を進めています。これを支える仕組みとして，これまでの事業担当制から市場担当制へ移行することで各市場に求められる対応を迅速に実現していきます。

[経営方針と主な取り組み]

めざす姿
2030ビジョン

2021-2024年度　中期経営計画テーマ
持続的成長を実現する体質への転換

利益体質の強化と新たな食生活創造
海外を成長ドライバーとし、国内は市場担当制の導入でお客様のニーズに対応する
[重点領域]　　サラダ（調味料を含む）とタマゴ
[海外エリア]　中国、東南アジアを中核に北米を強化する
[重点指標]　　ROE 8%以上、営業利益率 7.5%、海外売上高伸長率 年率10%以上

社会・地球環境への取り組みを強化	多様な人材が活躍できる仕組みづくり
[重点的な取り組み] ●健康寿命延伸への貢献と子どもの心と体の健康支援 ●資源の有効活用と循環型経済の実現 ●気候変動への対応	**[重点的な取り組み]** ●グループ人材の流動化を促進 ●部門外の取り組みへの参画機会の拡大 ●学びの場を拡充

◇利益体質の強化と新たな食生活創造

　海外を成長ドライバーとして展開の拡大を進めていきます。中国と東南アジアを中心に人材，商品開発，マーケティング，ガバナンスなどの経営基盤の強化を行うために経営資源を集中的に投下し，さらに北米での需要開拓を積極化していきます。従来の店舗での販促活動とデジタルマーケティングの活用を融合することにより，ブランド認知率と商品使用率の向上に取り組み，当社の顧客層である富裕層から上位中間層へ開拓を進めます。また，海外の主力市場である中国にお

いては，2021年1月に中国国内で4つ目の生産拠点となる広州工場が稼働しました。広州工場は最新鋭の設備と考え方を取り入れた工場で，生産性の大幅な向上が見込まれており，これらを足掛かりとして地域と需要の拡大を促進します。

　国内では，市場担当制へ移行し，モノ（商品）視点から市場を軸としたお客様視点に転換することにより，お客様の食生活における悩みの解決や新たな食シーンの創造につながるような商品やサービスをスピーディーに提案していきます。重点領域として，マヨネーズやドレッシングを中心としたサラダとタマゴに特化していきます。さらに，デジタル活用を進めることで，お客様とのつながりをさまざまな角度から構築し，新しい可能性を広げていきます。

　市販用においては生活様式が変化している中でも，生活必需品となる商品を育成します。マヨネーズはサラダにかける以外にもさまざまな調理シーンで利用される万能調味料としての使い方を提案してきました。その他の主力商品においても，幅広い調理シーンへの提案を強化することで，マヨネーズのような汎用性のある商品への育成をめざしていきます。また，お客様の課題解決につながる商品をお届けし，ブランドや商品の認知拡大を進めていきます。

　業務用においては，グループが持つ販路を活用し，内・中食向け業態へ経営資源を集中させ，事業ポートフォリオの再構築により収益性と効率性を向上させます。おいしさと技術で新たな価値を創出し，顧客ニーズの創造を提案することで，業務用市場の活性化に貢献していきます。

◇社会・地球環境への取り組みを強化

　当社グループでは，自然の恵みに感謝し，限りある資源を大切にするという想いで，環境活動に長年取り組んできました。気候変動リスクや食品ロス，海洋プラスチック問題など地球規模での問題が次々に顕在化している中，持続可能な社会の実現への貢献とグループの持続的な成長の実現をめざして，「キユーピーグループ サステナビリティ基本方針」を定めています。あわせて，「持続可能な開発目標（SDGs）」を参考に特定した重点課題への取り組みを進めています。

　社会・地球環境に対する企業の責任に向き合い，複雑化する社会課題に対し，バリューチェーン全体で連携し取り組みを進めていくことで，企業価値向上に努めていきます。

なお，サステナビリティ基本方針については，当社ウェブサイトに詳細を掲載しています。

https://www.kewpie.com/sustainability/management/materiality/

＜サステナビリティ目標＞

重点課題	取り組みテーマ	指標	2024年度目標	2030年度目標	SDGsとの関連付け
食と健康への貢献	健康寿命延伸への貢献	一人ひとりの食のパートナーとして ・1日当たりの野菜摂取量の目標値350gの達成に貢献 ・たんぱく質の摂取に貢献するために卵の消費量アップを推進			
	子どもの心と体の健康支援	私たちの活動で創る 子どもの笑顔の数 (2019年度からの累計)	40万人以上	100万人以上	
資源の有効活用・循環	食品ロスの削減・有効活用	食品残さ削減率 (2015年度比)	50%以上	65%以上	
		野菜未利用部有効活用率 主要野菜：キャベツなど	70%以上	90%以上	
		商品廃棄量削減率 (2015年度比)	60%以上	70%以上	
	プラスチックの削減・再利用	プラスチック排出量削減率 (2018年度比)	8%以上	30%以上	
	水資源の持続的利用	水使用量(原単位)削減率 (2020年度比)	3%以上	10%以上	
気候変動への対応	CO₂排出量の削減	CO₂排出量削減率 (2013年度比)	30%以上	50%以上	
生物多様性の保全	生物多様性の保全	生物多様性の保全に努め，豊かな自然の恵みを次世代につないでいくために 「キユーピーグループ 生物多様性方針」を推進			
持続可能な調達	持続可能な調達の推進	お取引先との協働によって 「持続可能な調達のための基本方針」を推進			
人権の尊重	人権の尊重	ビジネスに関わるすべての人の人権を尊重するために 「キユーピーグループ 人権方針」を推進			

※「食品残さ削減率」の指標には「野菜未利用部有効活用率」も含まれています。
※サステナビリティ目標は国内の数値となっています。
※2023年度より新たに「生物多様性の保全」を重点課題に追加しましたので，それも含めて記載しています。

◇**多様な人材が活躍できる仕組みづくり**

　持続的成長を実現する人材を育成していくために，多様な人材が活躍できる仕組みを構築していきます。

　海外展開および市場担当制への移行においては，多様な視点で物事や現象を捉え，それをチャンスに変えることが必要となります。市場で起こる変化点を俯瞰して捉えるためには，市場に精通し，複数の経験やスキルを持った人材の育成が重要です。グループ内での人材の流動性を高めることで，多様なスキルを持つ人材の育成を進めていきます。

　また，他部門とのプロジェクトや会議への積極的な参画，社内やグループ内へのインターンシップなどを通じて，多様性を認め合い，関わり合いを持つことが

(point) **生産及び販売の状況**

　　生産高よりも販売高の金額の方が大きい場合は，作った分よりも売れていることを意味するので，景気が良い，あるいは会社のビジネスがうまくいっていると言えるケースが多い。逆に販売額の方が小さい場合は製品が売れなく，在庫が増えて景気が悪くなっていると言える場合がある。

できる風土を醸成していきます。

　さらに，外部資源を活用しながら学びの場を提供していくことで，新たな経験や知識を習得し，一人ひとりが能力を発揮できる環境を構築していきます。

　なお，人材の活躍の重要な指標である女性管理職比率（対象：キユーピー株式会社）は，2024年11月期18％，2030年11月期30％をめざします。

[キャッシュ・フローの配分と経営指標について]
◇キャッシュ・フローの配分

　持続的な成長を実現するために，適正な投資の実行や株主還元を行いながら，健全な経営基盤を確立します。

　キャッシュ・フローの配分については，4年間の累積営業キャッシュ・フローを1,400億円とし，その範囲内でのコントロールを基本とします。設備投資は約700億円の計画とし，資産や投資の効率性を重視します。内部留保については，自己資本比率60％以上を目安とし，将来の成長のため，新規展開の資金を確保したうえで株主還元を拡充します。

◇経営指標

	2024年11月期目標
ＲＯＥ	8％以上
営業利益率	7.5％
海外売上高伸長率（現地通貨ベース）	（年率）10％以上

(3)　新型コロナウイルス感染症の影響について ....

　新型コロナウイルス感染症（以下，新型コロナウイルス）の拡大により，当社グループにおいても食生活に関わる変化が業績に大きな影響を及ぼしました。当社グループでは，3つの方針のもと，対策・対応に取り組んでいます。

〈方針1〉国や自治体の対策に協力し，感染リスクを抑制する

　当社グループでは，従業員と家族，お客様・お取引先をはじめとするステークホルダーの皆様の感染リスクの抑制を考慮した対応に努めることを目的に新型コロナウイルス対策本部を設置し，感染防止策を徹底しています。

　基本的な感染対策の徹底，在宅勤務やフレックス勤務，時差出勤の活用で感

染リスク抑制に取り組み，在宅などで業務遂行できるようにオンライン・モバイル環境の整備拡充など，従来から取り組んできた新しい働き方の定着と拡大を図りました。併せて，従業員のストレス軽減やメンタルヘルス不調の予防（従業員相談窓口の設置や動画によるエクササイズ推奨）にも取り組んでいます。なお，これらの働き方は感染リスクが低下した後も定着に努め，生産性の向上につなげていきます。

〈方針2〉食品メーカーとしての使命を果たす

お客様へ安全・安心な商品を継続して供給し続けることが当社の使命です。原資材の調達状況など事業継続に対する影響を注視しつつ，需要の変化に柔軟に対応できる体制を整えるとともに，外出制限などでストレスがたまるお客様の「おうち時間」を楽しく過ごしていただけるよう，料理レシピなどのコンテンツを発信しています。

〈方針3〉当社グループならではの社会的な貢献を行う

社会的な貢献として，子どもを中心とした地域社会に商品を提供するなど，当社グループならではの食を通じた支援活動を行っています。

また，「子ども食堂」が行う子どもや生活困窮家庭への持ち帰りの食事提供などを支援するため，キユーピーみらいたまご財団を通じて寄付を行っています。

2 事業等のリスク

この有価証券報告書に記載した事業の状況，経理の状況等に関する事項のうち，投資者の判断に重要な影響を及ぼす可能性のあるものには，以下の表内のようなものがあります。

当社グループは，これらのリスク発生（顕在化）の可能性を認識したうえで，発生の抑制・回避に努めています。そのためにリスクマネジメント基本規程において当社のリスク管理を体系的に定め，個々のリスクを各担当部門が継続的に監視しています。直近の業績への影響が大きなリスクについては経営会議，全社的なリスクについてはリスクマネジメント委員会，気候変動を含む社会・環境に関するリスクについてはサステナビリティ委員会でそれぞれ情報を共有し，リスクの評価，優先順位および対応策などを管理しています。また，リスクマネジメント担当取締役は，全社的リスクの評価や対応の方針・状況などを定期的に取締役会へ報告しています。

(point) 対処すべき課題

有報のなかで最も重要であり注目すべき項目。今，事業のなかで何かしら問題があればそれに対してどんな対策があるのか，上手くいっている部分をどう伸ばしていくのかなどの重要なヒントを得ることができる。また今後の成長に向けた技術開発の方向や，新規事業の戦略ついての理解を深めることができる。

しかしながら，当社グループの取り組みの範囲を超えた事象が発生した場合には，当社グループの信用，業績および財政状態に大きな影響を及ぼす可能性があります。また，以下の表内の内容は，当社グループに係るすべてのリスクを網羅したものではありません。

文中の将来に関する事項は，当連結会計年度末現在において当社グループが判断したものです。

事象	リスク	リスクへの対応策
市場の動向	長期にわたり漸次的にその影響が大きくなる可能性がある主なリスクは次のとおりです。 ・国内人口減少による長期的な市場縮小 ・野菜価格変動によるマヨネーズ・ドレッシングの販売影響	国内では「市販用」と「業務用」の2体制でフレキシブルな市場対応を図り持続的成長につなげています。当社グループの内食・中食・外食への展開力を活かしサラダとタマゴの可能性を広げ、健康寿命延伸に貢献することで事業機会の創出をめざします。また、お客様の食生活における悩みの解決や新たな食シーンの創造につながるような商品・サービスをスピーディーに提案し、市場と需要の開拓を推進しています。特に成長が見込まれるドラッグストアなど未開拓販路の開拓に加え、デジタルマーケティングを強化しD2C（Direct to Consumer／消費者直販サイト）市場での取り組みを進めています。 　海外では、中国、東南アジアと北米を重点エリアとし、当社グループのこれまでの顧客層である富裕層から中間層へ開拓を進めます。またデジタルコミュニケーションとマーケティング機能を強化し、「キユーピーブランド（丘比、KEWPIE）」の認知率と商品使用率の向上に取り組んでいきます。人材や商品開発、マーケティング、ガバナンスなどに経営資源を集中的に投下し、持続的な成長を図っています。

事象	リスク	リスクへの対応策
原材料（主原料やエネルギー・一般原資材）の調達	・食油調達においては、大豆や菜種の相場、為替相場および需給などの変動により短期、長期的な価格変動リスクがあります。 ・鶏卵調達においては、突発的な鳥インフルエンザの発生、産卵鶏の羽数変動、長期的な鶏卵の消費動向などによる価格変動および調達困難リスクがあります。 ・その他当社グループで使用している原材料調達は、国際的な景気動向や需給バランス、為替の変動、地政学リスクなどによる価格変動リスクがあります。 また、社会的な配慮のもとでの持続可能な調達への取り組みが不十分と評価された場合、漸次的にレピュテーションが低下する可能性があります。	当社グループでは、原材料価格の上昇の影響を低減するため、商品の価格改定や付加価値化、生産効率化、グループ連携による調達体制の構築などの取り組みを進めています。また、主原料の相場影響を受けにくい事業構造への転換を進めています。 鶏卵調達においては、大手生産者を中心に各地の生産者との年間数量計画、一定価格契約、相場でのスポット契約の組み合わせ、また一部地域で鳥インフルエンザが発生して卵の移動が制限されたとしても他の地域の工場でカバーできる全国調達・割卵工場体制整備などを実施しています。2022年10月以来の鳥インフルエンザの猛威による原価上昇と減産による利益の減少については、商品の価格改定や付加価値化により収益性向上に努めています。 中長期的な持続可能性の観点では、採卵鶏のアニマルウェルフェアの課題に関係する業界や行政と連携しながら取り組んでいます。 社会的な配慮のもとでの持続可能な調達に向けて、「キユーピーグループの持続可能な調達のための基本方針」を定め、原料の品質だけでなく、サプライチェーン上での環境や人権に与える影響の確認を進めています。本基本方針の実現に向けて「キユーピーグループ サプライヤーガイドライン」を定め、サプライヤーとの相互理解のもとサプライチェーンにおけるさまざまな課題解決を行い、持続可能な調達およびサプライヤーとの共存共栄をめざして取り組んでいます。
製造物責任	異物混入や誤表示など、消費者に健康被害を及ぼす恐れのある製品事故は、重篤なリスクとして常に認識しています。	当社グループ創業以来の品質第一主義を基本として、食品安全マネジメントシステム（ＦＳＳＣ22000）の認証、グループを横断した品質監査の実施、ＦＡ（ファクトリー・オートメーション）を活用した製品保証やトレーサビリティ、また自社モニタリングや調達原料の品質規格書管理システムの構築など、制度・システム面から品質保証の充実を推進しています。 加えて、従業員の品質に対する意識と理解が最も重要なことから、ＯＪＴや勉強会などさまざまな機会を通じた知識・技術の習得はもちろん、品質第一主義の浸透にも努めており、永続的な企業発展の基盤となる「安全・安心で高品質な食品の提供」を担保するため、万全な体制で取り組んでいます。

事象	リスク	リスクへの対応策
自然災害などの不測の事態	巨大台風、豪雨・長雨による洪水や大規模地震などの自然災害の影響が大きくなる可能性があります。それらにより次のようなリスクを想定しています。 ・製造や物流施設・設備などの破損 ・原資材やエネルギーの調達困難 ・操業に必要な人員の不足	過去の災害の経験を活かし、当社グループ横断で危機発生時の事業継続計画（BCP）を整備し、対策に取り組んでいます。 　東京にある本社の代替機能を関西に設置する体制の整備、非常時の通信ネットワークの整備や物資の備蓄、生産設備や物流設備の補強、不測の事態において生産可能状況を確認するシステムの整備、主要商品に関する生産や原資材調達機能および受注機能を2拠点化することなどにより危機発生時に備えており、災害の種類毎にマニュアルを整備しています。 　さらにそれらを確実に運用できるようにするために大規模災害対応訓練（初動対応訓練や商品供給訓練、安否確認訓練）も行っています。
システム障害	近年、ランサムウェアなど高度化した外部からのサイバー攻撃によりシステムが停止することで事業活動に大きな影響が出る可能性があります。	当社グループでは、サイバー攻撃を受けた場合の備えとして「防御システムの多層化」を実施し、迷惑メールや不正アクセスを防ぐ対策に加えて、24時間監視し不審なプログラムの挙動を判定し実行防止するEDRシステムなどによる対策を行っています。 　並行して従業員の「リテラシー向上」に向けた対策として、攻撃メールへの対応模擬訓練、情報セキュリティ教育など定期的に実施し、さらに従業員の情報セキュリティ意識を高く保てるよう情報推進委員会が適宜情報を発信しています。
新型コロナウイルス感染症	感染の拡大、外出自粛などによる生活スタイルの変化により、事業活動に影響を及ぼしています。 従業員の感染、事業所でのクラスター発生により事業活動に影響が出る可能性もあります。	当社グループでは、選択と集中で重点領域、商品展開領域の適正化を図り、分散している機能や潜在価値を集約することで効率性を改善します。また、主要商品に関する生産や原資材調達および受注機能を2拠点化することなど備えを進めています。 　新型コロナウイルス感染症発生の初期段階より国・自治体の指針に沿って対応しつつ、従業員とその家族の安全確保を最優先とし、事業活動を継続させるために職場での感染リスク抑制・感染防止策の取り組みを継続しています。 　主にスタッフ・営業部門は、新型コロナウイルス感染症予防に対応した働き方で経験し、学んできたことや得られた成果をさらに発展させるよう、最適なアフターコロナの働き方を追求しています。

事象	リスク	リスクへの対応策
人材、労務関連	人材、労務に関しては、主に次のようなリスクを常に想定しています。 ・製造や物流現場の活動を担う人材が不足すること ・不適切な労働時間管理、過重労働 ・ハラスメント	当社グループでは、継続的な採用、教育の充実、労働環境の最適化などにより人材の確保、定着に取り組んでいます。具体的には、作業の効率化、省力化を推進し、IoT、RPA（ロボティック・プロセス・オートメーション）や各種ロボット、AIの活用に取り組んでいます。加えて外国籍の方が就労し易い環境整備も進め、雇用を拡大していきます。 すべての職場の従業員一人ひとりが安心して働くことができ、仕事と家庭生活の両立が実現できる雇用環境の整備を進め、テレワークの積極的な活用、労働時間の適正化や法令に基づく適正な労務管理、ハラスメント予防に関する従業員教育の徹底、内部通報制度（ヘルプライン）の設置などにより労務関連リスクの低減に取り組んでいます。 これらに加え、持続的成長を実現する人材を育成していくために、多様な人材が活躍できる仕組みづくりを実施し、併せて専門性の高い外部人材の採用や登用を推進しています。
海外展開	海外展開においては、主に次のようなリスクを想定しています。 ・脆弱な経営基盤によるトラブル ・情報管理の不備による漏洩 ・模倣品の流通による競争力の侵害およびブランドイメージ毀損 ・地政学リスク	海外子会社においても当社グループの理念を浸透させるための現場教育、各種研修などを行っています。また、内部統制システム整備を進めており、具体的には決裁権限の明確化、契約書・規程管理や経理・財務規程、反贈収賄規程、人事評価制度など各種規程や制度の整備・運用、内部通報制度の導入、事業継続計画（BCP）および危機管理訓練などにより経営基盤の強化に取り組んでいます。 さらに会社情報や重要技術情報の取り扱い・セキュリティに関する規程の導入および盤石なICTネットワークの構築に取り組んでいます。 模倣品対策では、市場に出回る当社商標権の侵害品や紛らわしい他社品を排除するとともに、悪意ある商標出願を権利化させないように取り組んでいます。 生産拠点のある地域の政治・経済情勢や法規制の動向を確認し、エリア毎に必要な対応を検討、実施しています。また、国際情勢によって生じるカントリーリスクについては、有形・無形資産の対応、原料調達リスクの分散、知的財産の保護、従業員の退避などの観点で備えています。

事象	リスク	リスクへの対応策
地球環境問題、気候変動	地球環境問題、気候変動においては、主に次のようなリスクを想定しています。 ・原資材調達難、価格高騰 ・CO₂排出規制強化 ・エネルギーコスト増 ・大雨、洪水による生産設備被災 これらサステナビリティへの取り組み、対応が不十分と評価された場合、漸次的にレピュテーションが低下する可能性があります。	当社グループでは、サステナビリティにむけての重点課題として環境面では「資源の有効活用・循環」、「気候変動への対応」および「生物多様性の保全」を特定し、グループ全体で取り組んでいます。資源の有効活用・循環では、卵殻や野菜（キャベツなど）の芯・外葉など野菜未利用部の肥料化、飼料化などの有効活用に取り組んでいます。また、賞味期限・消費期限延長や需要と供給のマッチングを一層推進し、食品ロスの削減（商品廃棄量の削減）を進めています。プラスチックの削減と再利用に関しては、容器包装の軽量化、薄肉化および生産活動で使用するプラスチックの使用量・排出量削減を進めています。さらに環境負荷の少ない素材に置き換える研究に取り組み、プラスチック使用量のさらなる削減と資源循環型社会の実現に貢献しています。 　気候変動への対応では、製造工程における効率改善、省エネ設備の導入などの展開に加えて、太陽光発電設備の新設による再生可能エネルギーの活用を進めています。物流では長距離トラック輸送から鉄道・船舶輸送へのモーダルシフト、異業種メーカーとの共同輸送、積載効率の向上を積極的に推進しています。オフィスではエネルギー使用の最適化に取り組んでいます。これらによりCO₂排出量の削減を進めています。さらに、生物多様性の保全については、例えば段ボール・紙器メーカーとの協働で、適切に管理された森林木材を使用したFSC認証材の導入を進めています。 　当社グループの事業は、自然の恵みに強く依存しているため、原材料の収量の減少や品質の低下、価格高騰など、気候変動によるさまざまな影響を受ける可能性があります。機動的な価格適正化や原料相場に強い体質へ転換するため、ポートフォリオの最適化やグループ連携による調達体制の構築を進めています。気候変動に関連する事象を経営リスクとして捉えて対応すると同時に、新たな機会を見出し企業戦略へ活かします。TCFDへ賛同し、TCFDが提言するフレームワーク「ガバナンス」「戦略」「リスク管理」「指標と目標」の4項目に基づいた情報を掲載しています。 https://www.kewpie.com/sustainability/eco/warming/

3 経営者による財政状態，経営成績及びキャッシュ・フローの状況の分析

（1） 経営成績等の状況の概要 ···

　当連結会計年度における当社の財政状態，経営成績及びキャッシュ・フロー（以下「経営成績等」という。）の状況の概要は次のとおりです。

① 財政状態および経営成績の状況

　当連結会計年度は，国際的な穀物・エネルギー相場の上昇や急速な円安進行など事業を取り巻く環境が大きく変化しました。このような状況の中，国内では市場担当制を活かしお客様の多様化するニーズに対応するとともに原料相場に左右されない強い体質への転換に取り組んできました。海外では，中国・東南アジア・北米を中心に，それぞれの地域の食文化への浸透を加速させ，成長ドライバーとして拡大を進めました。

　当連結会計年度の売上高は，海外での売上伸長に加え，業務用での外食需要減少影響が前連結会計年度より回復したことにより増収となりました。営業利益は，売上増加や価格改定効果があったものの主原料およびエネルギー・一般原資材の高騰影響や販売費及び一般管理費の増加により減益となりました。経常利益・親会社株主に帰属する当期純利益は営業利益の減少により減益となりました。

　当連結会計年度の連結業績は次のとおりです。

（単位：百万円）

	前連結会計年度 （自 2020年12月 1 日 至 2021年11月30日）	当連結会計年度 （自 2021年12月 1 日 至 2022年11月30日）	増減（金額）	増減（比率）
売上高	407,039	430,304	23,265	5.7%
営業利益	27,972	25,433	△2,539	△9.1%
経常利益	29,698	27,249	△2,449	△8.2%
親会社株主に帰属する 当期純利益	18,014	16,033	△1,981	△11.0%

※当連結会計年度において，企業結合に係る暫定的な会計処理を行っており，前連結会計年度に係る各数値については，暫定的な会計処理の確定の内容を反映させています。

※前連結会計年度（遡及後）は，物流事業を除いた遡及適用後の数値を記載しています。

◇セグメント別の状況

[売上高の内訳]

（単位：百万円）

	前連結会計年度 （自 2020年12月 1 日 至 2021年11月30日）	当連結会計年度 （自 2021年12月 1 日 至 2022年11月30日）	増減（金額）	増減（比率）
市販用	172,678	173,392	714	0.4%
業務用	149,792	158,832	9,040	6.0%
海外	53,383	66,267	12,884	24.1%
フルーツ ソリューション	16,878	16,461	△417	△2.5%
ファインケミカル	8,770	10,013	1,243	14.2%
共通	5,536	5,335	△201	△3.6%
合　計	407,039	430,304	23,265	5.7%

[営業利益の内訳]

（単位：百万円）

	前連結会計年度 （自 2020年12月 1 日 至 2021年11月30日）	当連結会計年度 （自 2021年12月 1 日 至 2022年11月30日）	増減（金額）	増減（比率）
市販用	17,195	13,433	△3,762	△21.9%
業務用	6,292	6,923	631	10.0%
海外	7,229	8,471	1,242	17.2%
フルーツ ソリューション	719	315	△404	△56.2%
ファインケミカル	1,075	1,267	192	17.9%
共通	1,328	1,209	△119	△9.0%
全社費用	△5,868	△6,187	△319	―
合　計	27,972	25,433	△2,539	△9.1%

＜市販用＞

・調味料の価格改定効果や惣菜が堅調に推移し増収

・主原料高騰等による影響を受け減益

＜業務用＞

・新型コロナウイルス感染症による外食需要の減少影響が前連結会計年度より回復し増収

・主原料高騰等による影響を受けたものの，価格改定効果や付加価値品の伸長により増益

＜海外＞

・東南アジアや北米が好調に推移し増収

・中国（上海）でのロックダウンや主原料高騰による影響を受けたものの，売上増加により増益

＜フルーツ ソリューション＞

・家庭用ジャム・スプレッドの価格改定と需要喚起策を進めたものの，内食需要の反動もあり減収減益

＜ファインケミカル＞
・ヒアルロン酸の原料販売や通信販売が好調に推移し増収増益

＜共通＞
・食品メーカー向け製造機械の販売減少などにより減収減益

◇**財政状態の状況**
・総資産は，4,033億84百万円と前期末比223億81百万円増加
　　主に受取手形及び売掛金の増加25億39百万円，商品及び製品の増加25億90百万円，原材料及び貯蔵品の増加31億32百万円，ソフトウエアの増加27億89百万円，退職給付に係る資産の増加75億28百万円によるものです。
・負債は，1,087億61百万円と前期末比29億41百万円減少
　　主に支払手形及び買掛金の増加50億36百万円，短期借入金の減少85億33百万円によるものです。
・純資産は，2,946億23百万円と前期末比253億22百万円増加
　　主に利益剰余金の増加95億円，為替換算調整勘定の増加68億73百万円，退職給付に係る調整累計額の増加49億93百万円によるものです。

② **キャッシュ・フローの状況**
　現金及び現金同等物の残高は，653億35百万円と前期末比13億67百万円減少となりました。
　各キャッシュ・フローの状況は，下記のとおりです。
　営業活動によるキャッシュ・フローは，税金等調整前当期純利益が266億30百万円，減価償却費が160億62百万円，棚卸資産の増加が59億49百万円，法人税等の支払いが96億74百万円となったことなどから271億99百万円の収入（前期は385億33百万円の収入）となりました。
　投資活動によるキャッシュ・フローは，有形固定資産の取得による支出が124億82百万円，無形固定資産の取得による支出が43億23百万円となったことな

(point) **事業等のリスク**
　「対処すべき課題」の次に重要な項目。新規参入により長期的に価格競争が激しくなり企業の体力が奪われるようなことがあるため，その事業がどの程度参入障壁が高く安定したビジネスなのかなど考えるきっかけになる。また，規制や法律，訴訟なども企業によっては大きな問題になる可能性があるため，注意深く読む必要がある。

どから159億47百万円の支出（前期は202億77百万円の支出）となりました。

　財務活動によるキャッシュ・フローは，長期借入金の返済による支出が103億
1百万円，配当金の支払いが65億33百万円となったことなどから168億12
百万円の支出（前期は187億1百万円の支出）となりました。

　なお，当社グループのキャッシュ・フロー関連指標の推移は，下記のとおりです。

	2018年 11月期	2019年 11月期	2020年 11月期	2021年 11月期	2022年 11月期
自己資本比率（%）	53.9	53.0	52.8	64.5	66.4
時価ベースの自己資本比率（%）	93.9	78.3	68.5	84.2	84.3
キャッシュ・フロー対有利子負債比率（年）	1.5	1.5	2.3	1.1	1.2
インタレスト・カバレッジ・レシオ（倍）	122.5	144.7	103.7	159.0	110.6

（注）　自己資本比率：自己資本／総資産

　　　時価ベースの自己資本比率：株式時価総額／総資産

　　　キャッシュ・フロー対有利子負債比率：有利子負債／キャッシュ・フロー

　　　インタレスト・カバレッジ・レシオ：キャッシュ・フロー／利払い

　　　※各指標は，いずれも連結ベースの財務数値により計算しています。

　　　※株式時価総額は，期末株価終値×期末発行済株式数（自己株式控除後）により算出しています。

　　　※有利子負債は，連結貸借対照表に計上されている負債のうち，利子を支払っているすべての負債を
　　　　対象としています。

　　　※キャッシュ・フローおよび利払いは，それぞれ連結キャッシュ・フロー計算書の「営業活動による
　　　　キャッシュ・フロー」および「利息の支払額」を使用しています。

　　　※2021年11月期において，企業結合に係る暫定的な会計処理の確定を行っており，2020年11月期に
　　　　係る各数値については，暫定的な会計処理の確定の内容を反映させています。

③ 生産，受注および販売の実績

a. 生産実績

当連結会計年度の生産実績をセグメントごとに示すと，次のとおりです。

セグメントの名称	当連結会計年度（百万円） （自　2021年12月1日 至　2022年11月30日）	前年同期比（％）
市販用	113,631	103.7
業務用	104,185	107.4
海外	45,219	129.9
フルーツ ソリューション	11,147	96.4
ファインケミカル	4,944	126.8
共通	2,641	139.3
合計	281,770	108.9

（注）上記の金額には，消費税等は含まれていません。

b. 商品仕入実績

当連結会計年度の商品仕入実績をセグメントごとに示すと，次のとおりです。

セグメントの名称	当連結会計年度（百万円） （自　2021年12月1日 至　2022年11月30日）	前年同期比（％）
市販用	15,064	106.8
業務用	20,596	116.5
海外	3,648	148.7
フルーツ ソリューション	1,226	93.0
ファインケミカル	107	107.4
共通	3,536	107.4
合計	44,180	113.4

c. 受注実績

主要製品以外の一部の製品について受注生産を行うほかは，すべて見込み生産のため記載を省略しています。

d. 販売実績

当連結会計年度の販売実績をセグメントごとに示すと，次のとおりです。

セグメントの名称	当連結会計年度（百万円） （自　2021年12月 1 日 　至　2022年11月30日）	前年同期比（％）
市販用	173,392	100.4
業務用	158,832	106.0
海外	66,267	124.1
フルーツ ソリューション	16,461	97.5
ファインケミカル	10,013	114.2
共通	5,335	96.4
合計	430,304	105.7

（注）　外部顧客に対する売上高を記載しています。

（2）　経営者の視点による経営成績等の状況に関する分析・検討内容 ‥‥‥‥‥

経営者の視点による当社グループの経営成績等の状況に関する認識および分析・検討内容は次のとおりです。

なお，文中の将来に関する事項は，当連結会計年度末現在において判断したものです。

①　重要な会計方針および見積り

当社グループの連結財務諸表は，わが国において一般に公正妥当と認められる企業会計基準に基づいて作成されています。この連結財務諸表の作成にあたっては，決算日における資産・負債の報告金額および報告期間における収益・費用の報告金額に影響する見積り，判断および仮定を必要としています。過去の実績や状況を踏まえ合理的と考えられるさまざまな要因に基づき，継続的に見積り，判断および仮定を行っておりますが，実際の結果は，見積り特有の不確実性があるため，これらの見積りと異なる場合があります。

なお，連結財務諸表で採用する重要な会計方針は，「第5 経理の状況」に記載しておりますが，次の重要な会計方針が財務諸表作成における重要な判断と見積りに大きな影響を及ぼすと考えています。

（1）固定資産の減損処理

保有する固定資産について，原則として継続的に収支の把握を行っている管理会計上の区分（会社別，事業別かつ事業所別）を単位としてグルーピングを行い，当該資産グループ単位で減損の兆候を把握しています。減損損失を認識するかどうかの判定および使用価値の算定に際して用いられる将来キャッシュ・フローは，経営環境などの外部要因に関する情報や当社グループが用いている内部の情報に基づき，合理的な仮定を置いて計算しています。

　将来の市場環境の変化などにより，見積り額と実態に乖離が生じた場合，減損損失が発生する可能性があります。

　新型コロナウイルス感染症拡大による影響につきましては，「第5 経理の状況 1．連結財務諸表等（1）連結財務諸表 注記事項（重要な会計上の見積り）」に記載のとおりです。

(2) 貸倒引当金の計上基準

　貸倒引当金については，債権の貸倒損失に備えるため，一般債権については過年度実績率を基礎とした将来の貸倒予測率により，貸倒懸念債権等特定の債権については個別に回収可能性を勘案し，回収不能見込額を計上しています。将来，顧客の財政状態が悪化し支払能力が低下した場合には，引当金の追加計上または貸倒損失が発生する可能性があります。

(3) 投資有価証券の減損処理

　投資有価証券の評価方法については，市場価格のない株式等以外のものについては時価法を，市場価格のない株式等については原価法を採用しています。保有する有価証券につき，市場価格のない株式等以外のものは株式市場の価格変動リスクを負っていること，市場価格のない株式等は投資先の業績状況等が悪化する可能性があること等から，合理的な基準に基づいて投資有価証券の減損処理を行っています。

　この基準に伴い，将来の市況悪化または投資先の業績不振等により，現状の簿価に反映されていない損失または簿価の回収不能が発生し，減損処理が必要となる可能性があります。

(4) 繰延税金資産の回収可能性の評価

　繰延税金資産については，将来の課税所得を合理的に見積り，回収可能性を

十分に検討し，回収可能見込額を計上しています。しかし，繰延税金資産の回収可能見込額に変動が生じた場合には，繰延税金資産の取崩しまたは追加計上により利益が変動する可能性があります。

② 当連結会計年度の経営成績等の状況に関する認識および分析・検討内容
a. 財政状態および経営成績の分析

当連結会計年度における財政状態および経営成績の分析につきましては，「３ 経営者による財政状態，経営成績及びキャッシュ・フローの状況の分析　(1) 経営成績等の状況の概要　①財政状態および経営成績の状況」に記載のとおりです。

b. 資金の財源および資金の流動性
(1) キャッシュ・フロー

当連結会計年度におけるキャッシュ・フローの概況につきましては，「３ 経営者による財政状態，経営成績及びキャッシュ・フローの状況の分析　(1) 経営成績等の状況の概要　②キャッシュ・フローの状況」に記載のとおりです。

(2) 資金の需要

さらなる企業価値の向上を図るための設備投資，事業投資，債務の返済および運転資金などの資金需要に備え，資金調達および流動性の確保に努めています。

(3) 資金の調達

必要な資金は内部資金より充当し，不足が生じた場合は銀行借入および社債発行により調達しています。

(4) 資金の流動性

複数の金融機関との当座貸越契約を設定しています。また，当社および国内連結子会社における余剰資金の一元管理を図り，資金効率の向上と金融費用の削減を目的として，キャッシュ・マネジメント・システムを導入しています。

c. 目標とする経営指標の達成状況等

当社グループは，2021年度からの４年間を対象とする中期経営計画を策定し，

最終年度である2024年11月期において，「ROE（自己資本利益率）8％以上」「営業利益率 7.5％」「海外売上高伸長率（現地通貨ベース）（年率）10％以上」を目標として掲げています。

　中期経営計画の2年目にあたる当連結会計年度におきましては，ROE（自己資本利益率）が6.2％，営業利益率が5.9％，海外売上高伸長率（現地通貨ベース）は前年比10％の増加となりました。

◇経営指標

	2022年11月期	2024年11月期目標
ＲＯＥ（自己資本利益率）	6.2％	8％以上
営業利益率	5.9％	7.5％
海外売上高伸長率（現地通貨ベース）	（前年比）10％	（年率）10％以上

設備の状況

1 設備投資等の概要

当社グループは，基幹システムの刷新の他，お客様の志向に沿った商品の開発と育成，品質の安全性の追求とコストダウン，環境対策への取り組みをめざし，設備増強，更新，合理化投資を継続的に実施した結果，設備投資の金額は17,227百万円となりました。

セグメントごとの内訳は，次のとおりです。

セグメントの名称	設備投資金額 （百万円）	主な内容
市販用	5,656	調味料、サラダ、総菜製造設備等
業務用	5,050	調味料、タマゴ製品製造設備等
海外	2,288	調味料製造設備等
フルーツ ソリューション	286	ジャム類、フルーツ加工品製造設備等
ファインケミカル	240	ヒアルロン酸製造設備等
共通	659	ソフトウエア等
その他	3,046	グループ基幹システム等

（注）1. 設備投資金額には，無形固定資産および長期前払費用への投資が含まれています。

2. 「その他」は，報告セグメントに配分前のグループ基幹システム投資額です。

また，生産能力に重要な影響を及ぼす設備の売却，撤去などはありません。

2 主要な設備の状況

2022年11月30日現在における当社グループの設備，投下資本ならびに従業員の配置状況は次のとおりです。

（1） 提出会社 ·····································

事業所名 (所在地)	セグメントの名称	設備の内容	建物及び構築物	機械装置及び運搬具	土地 (面積㎡)	リース資産	その他	合計	従業員数 (人)
					帳簿価額(百万円)				
階上工場 (青森県三戸郡階上町)	市販用 業務用	食品製造設備	507	742	553 (46,365)	－	27	1,830	1 (－)
五霞工場 (茨城県猿島郡五霞町)	市販用 業務用 ファインケミカル	食品製造設備	6,389	3,205	3,791 (241,431)	90	75	13,552	305 (118)
中河原工場 (東京都府中市)	市販用 業務用 海外	食品製造設備	4,350	1,800	405 (43,484)	5	52	6,614	161 (96)
挙母工場 (愛知県豊田市)	市販用 業務用	食品製造設備	1,069	872	16 (37,876)	8	14	1,982	103 (99)
神戸工場 (兵庫県神戸市東灘区)	市販用 業務用 海外	食品製造設備	6,567	4,598	1,601 (16,776)	8	99	12,874	115 (20)
泉佐野工場 (大阪府泉佐野市)	市販用 業務用 海外	食品製造設備	1,359	1,447	663 (18,576)	12	19	3,502	93 (52)
鳥栖工場 (佐賀県鳥栖市)	市販用 業務用 海外	食品製造設備	2,180	909	363 (53,958)	2	13	3,469	1 (－)
本社 (東京都渋谷区)	－	その他設備	586	0	－ (－)	58	92	738	746 (94)
複合施設 (東京都調布市)	－	その他設備	5,421	101	138 (16,510)	21	227	5,909	253 (13)
複合施設 (兵庫県伊丹市)	－	その他設備	7,491	442	2,337 (37,919)	5	99	10,376	－ (－)
東京支店以下 8支店14営業所	－	その他設備	65	－	－ (－)	－	19	84	630 (46)
関西SLC (兵庫県神戸市東灘区)	共通	物流倉庫設備	3,170	321	6,075 (47,252)	－	3	9,571	－ (－)

point 設備投資等の概要

セグメントごとの設備投資額を公開している。多くの企業にとって設備投資は競争力向上・維持のために必要不可欠だ。企業は売上の数％など一定の水準を設定して毎年設備への投資を行う。半導体などのテクノロジー関連企業は装置産業であり，技術発展がスピードが速いため，常に多額の設備投資を行う宿命にある。

(2) 国内子会社

会社名	事業所名 (所在地)	セグメントの名称	設備の内容	帳簿価額（百万円）						従業員数 （人）
				建物及び構築物	機械装置及び運搬具	土地 (面積㎡)	リース資産	その他	合計	
キューピータマゴ㈱	本社・工場・営業所他 （東京都調布市他）	業務用	食品製造設備	5,653	10,458	5,012 (127,048)	444	200	21,769	1,875 (465)
デリア食品㈱	本社・支店他 （東京都調布市他）	市販用	食品製造設備	2,157	18	217 (13,790)	12	12	2,418	206 (71)
キューピー醸造㈱	本社・工場 （東京都調布市他）	業務用	食品製造設備	1,049	931	2,163 (69,749)	25	65	4,235	184 (103)
コープ食品㈱	本社・工場 （東京都調布市他）	業務用	食品製造設備	872	1,246	108 (36,990)	—	11	2,239	108 (65)
㈱全農・キューピー・エツグステーション	本社・工場 （茨城県猿島郡五霞町他）	業務用	食品製造設備	769	765	405 (10,287)	—	10	1,950	231 (52)
㈱ディスペンパックジャパン	本社・工場 （神奈川県南足柄市他）	市販用	食品製造設備	281	811	836 (7,697)	—	20	1,949	119 (92)
㈱ポテトデリカ	本社・工場他 （長野県安曇野市他）	市販用	食品製造設備	969	811	487 (28,825)	88	13	2,371	96 (199)
㈱セトデリカ	本社・工場 （愛知県瀬戸市）	市販用	食品製造設備	195	157	— (—)	704	7	1,066	65 (172)
㈱サラダクラブ	本社・工場・支店他 （東京都調布市他）	市販用	食品製造設備	1,692	1,512	117 (9,782)	2	33	3,358	332 (642)
㈱旬菜デリ	本社・事業所 （東京都昭島市他）	市販用	食品製造設備	580	806	200 (4,761)	—	51	1,639	211 (541)
アヲハタ㈱	本社・工場・営業所他 （広島県竹原市他）	フルーツソリューション	食品製造設備	1,456	1,902	1,316 (67,378)	—	79	4,753	448 (208)
つくば鶏卵加工㈱	本社・工場 （茨城県つくば市）	業務用	食品製造設備	1	21	— (—)	1,585	2	1,611	19 (—)

point 主要な設備の状況

「設備投資等の概要」では各セグメントの1年間の設備投資金額のみの掲載だが，ここではより詳細に，現在セグメント別，または各子会社が保有している土地，建物，機械装置の金額が合計でどれくらいなのか知ることができる。

(3) 在外子会社 ·······································

会社名	事業所名 (所在地)	セグメントの名称	設備の内容	帳簿価額(百万円)						従業員数 (人)
				建物及び構築物	機械装置及び運搬具	土地 (面積㎡)	リース資産	その他	合計	
Q&B FOODS, INC.	米国 カリフォルニア州	海外	食品製造設備	102	857	118 (12,950)	―	15	1,093	137 (90)
杭州丘比食品 有限公司	中国 浙江省	海外	食品製造設備	552	1,420	― (―)	67	60	2,101	605 (―)
北京丘比食品 有限公司	中国 北京市	海外	食品製造設備	739	1,483	― (―)	107	53	2,383	671 (―)

会社名	事業所名 (所在地)	セグメントの名称	設備の内容	帳簿価額(百万円)						従業員数 (人)
				建物及び構築物	機械装置及び運搬具	土地 (面積㎡)	リース資産	その他	合計	
Q&B FOODS, INC.	米国 カリフォルニア州	海外	食品製造設備	102	857	118 (12,950)	―	15	1,093	137 (90)
杭州丘比食品 有限公司	中国 浙江省	海外	食品製造設備	552	1,420	― (―)	67	60	2,101	605 (―)
北京丘比食品 有限公司	中国 北京市	海外	食品製造設備	739	1,483	― (―)	107	53	2,383	671 (―)

(注) 上記(1)提出会社, (2)国内子会社, (3)在外子会社について

1. 帳簿価額のうち「その他」は, 工具, 器具及び備品であり, 建設仮勘定は含まれていません。

2. 従業員数の( )は, 臨時雇用者数を外書きしています。

3 設備の新設，除却等の計画

（1）　重要な設備の新設等 ···

　　当社グループの設備投資については，生産計画，業界動向，投資効率等を総合的に勘案し策定しています。また，設備投資計画は，連結会社各社が個別に策定しておりますが，当社を中心に調整を図っています。

会社名	事業所名（所在地）	セグメントの名称	設備の内容	投資予定金額		資金調達方法	着手年月	完了予定年月	完了後の増加能力
				総額（百万円）	既支払額（百万円）				
キユーピー㈱	本社他（東京都渋谷区）	－	グループ基幹システム	13,760	11,871	自己資金等	2019年1月	2023年9月	
キユーピー㈱他	神戸工場（兵庫県神戸市東灘区）他6工場	市販用業務用	建物製造設備	4,600	3,251	自己資金等	2021年12月	2023年9月	
キユーピー醸造㈱	五霞工場（茨城県猿島郡五霞町）	業務用	建物製造設備	1,200	232	自己資金	2022年1月	2023年8月	
Q&B FOODS, INC.	新工場（米国テネシー州）	海外	建物製造設備	62百万米ドル	－	自己資金	2023年5月	2025年5月	

（注）　完了後の増加能力については，生産品目が多種多様にわたっており，算定が困難です。従って，完了後の増加能力の記載はしていません。

（2）　重要な設備の除却等 ···

　　該当事項はありません。

提出会社の状況

1　株式等の状況

（1）　株式の総数等 ・・

①　株式の総数

種類	発行可能株式総数（株）
普通株式	500,000,000
計	500,000,000

②　発行済株式

種類	事業年度末現在発行数（株） （2022年11月30日）	提出日現在発行数（株） （2023年2月24日）	上場金融商品取引所名 又は登録認可金融商品 取引業協会名	内容
普通株式	141,500,000	141,500,000	東京証券取引所 （プライム市場）	・権利内容に何ら限定 のない当社における 標準となる株式 ・単元株式数　100株
計	141,500,000	141,500,000	－	－

1. 連結財務諸表及び財務諸表の作成方法について ……………………………

(1) 当社の連結財務諸表は，「連結財務諸表の用語，様式及び作成方法に関する規則」（1976年大蔵省令第28号）に基づいて作成しています。

(2) 当社の財務諸表は，「財務諸表等の用語，様式及び作成方法に関する規則」（1963年大蔵省令第59号。以下「財務諸表等規則」という。）に基づいて作成しています。

　　また，当社は，特例財務諸表提出会社に該当し，財務諸表等規則第127条の規定により財務諸表を作成しています。

2. 監査証明について ………………………………………………………………

　当社は，金融商品取引法第193条の2第1項の規定に基づき，連結会計年度（2021年12月1日から2022年11月30日まで）の連結財務諸表および第110期事業年度（2021年12月1日から2022年11月30日まで）の財務諸表について，EY新日本有限責任監査法人により監査を受けています。

3. 連結財務諸表等の適正性を確保するための特段の取組みについて …………

　当社は，連結財務諸表等の適正性を確保するための特段の取組みを行っています。具体的には，会計基準等の内容を適切に把握し，または会計基準等の変更について的確に対応することができる体制を整備するため，公益財団法人財務会計基準機構へ加入し，会計基準への理解を深め，また，新たな会計基準に対応しています。

(point) 設備の新設，除却等の計画

　ここでは今後，会社がどの程度の設備投資を計画しているか知ることができる。毎期どれくらいの設備投資を行っているか確認すると，技術等での競争力維持に積極的な姿勢かどうか，どのセグメントを重要視しているか分かる。また景気が悪化したときは設備投資額を減らす傾向にある。

（1）【連結財務諸表】 ‥‥‥‥‥‥‥‥‥‥‥‥‥‥‥‥‥‥‥‥‥‥‥‥‥‥‥‥

①【連結貸借対照表】

（単位：百万円）

	前連結会計年度 （2021年11月30日）	当連結会計年度 （2022年11月30日）
資産の部		
流動資産		
現金及び預金	58,343	57,825
受取手形及び売掛金	※1 56,875	※1 59,414
有価証券	10,000	10,000
商品及び製品	18,277	20,867
仕掛品	1,369	2,659
原材料及び貯蔵品	10,419	13,551
その他	2,303	3,524
貸倒引当金	△137	△115
流動資産合計	157,451	167,726
固定資産		
有形固定資産		
建物及び構築物	※4 157,939	※4 162,131
減価償却累計額	△93,161	△97,130
建物及び構築物（純額）	64,777	65,001
機械装置及び運搬具	※4 149,308	※4 153,551
減価償却累計額	△106,897	△111,171
機械装置及び運搬具（純額）	42,411	42,379
土地	※4 30,850	※4 30,529
リース資産	5,562	5,544
減価償却累計額	△1,713	△2,048
リース資産（純額）	3,848	3,496
建設仮勘定	2,488	3,446
その他	※4 12,497	※4 13,223
減価償却累計額	△10,340	△11,027
その他（純額）	2,157	2,196
有形固定資産合計	146,532	147,050
無形固定資産		
のれん	552	364
ソフトウエア	10,979	13,768
その他	1,771	1,506
無形固定資産合計	13,303	15,639
投資その他の資産		
投資有価証券	※2 43,629	※2 45,633
長期貸付金	973	850
退職給付に係る資産	11,128	18,656
繰延税金資産	2,981	2,749
その他	※2 5,123	※2 5,198
貸倒引当金	△120	△119
投資その他の資産合計	63,715	72,969
固定資産合計	223,552	235,658
資産合計	381,003	403,384

---

point 株式の総数等

発行可能株式総数とは，会社が発行することができる株式の総数のことを指す。役員会では，株主総会の了承を得ないで，必要に応じてその株数まで，株を発行することができる。敵対的TOBでは，経営陣が，自社をサポートしてくれる側に，新株を第三者割り当てで発行して，買収を防止することがある。

	前連結会計年度 （2021年11月30日）	当連結会計年度 （2022年11月30日）
負債の部		
流動負債		
支払手形及び買掛金	28,015	33,051
短期借入金	11,591	3,058
未払金	17,908	17,001
未払費用	1,691	2,118
未払法人税等	4,182	2,157
賞与引当金	1,442	1,487
役員賞与引当金	86	74
その他	※5 6,281	※5 6,303
流動負債合計	71,199	65,252
固定負債		
社債	10,000	10,000
長期借入金	16,356	16,070
リース債務	3,780	3,337
繰延税金負債	5,856	9,558
退職給付に係る負債	2,750	2,840
資産除去債務	221	267
その他	1,537	1,434
固定負債合計	40,502	43,508
負債合計	111,702	108,761
純資産の部		
株主資本		
資本金	24,104	24,104
資本剰余金	28,632	28,634
利益剰余金	194,015	203,515
自己株式	△5,838	△5,840
株主資本合計	240,913	250,413
その他の包括利益累計額		
その他有価証券評価差額金	8,690	9,348
繰延ヘッジ損益	8	△1
為替換算調整勘定	△962	5,911
退職給付に係る調整累計額	△3,008	1,985
その他の包括利益累計額合計	4,727	17,244
非支配株主持分	23,660	26,965
純資産合計	269,301	294,623
負債純資産合計	381,003	403,384

---

point **連結財務諸表等**

ここでは主に財務諸表の作成方法についての説明が書かれている。企業は大蔵省が定めた規則に従って財務諸表を作るよう義務付けられている。また金融商品法に従い，作成した財務諸表がどの監査法人によって監査を受けているかも明記されている。

②　【連結損益計算書及び連結包括利益計算書】

【連結損益計算書】

（単位：百万円）

	前連結会計年度 （自　2020年12月 1 日 　至　2021年11月30日）	当連結会計年度 （自　2021年12月 1 日 　至　2022年11月30日）
売上高	407,039	※1 430,304
売上原価	※2 282,807	※2 306,114
売上総利益	124,232	124,189
販売費及び一般管理費	※3,※4 96,260	※3,※4 98,755
営業利益	27,972	25,433
営業外収益		
受取利息	122	253
受取配当金	410	458
持分法による投資利益	998	928
その他	995	843
営業外収益合計	2,527	2,483
営業外費用		
支払利息	241	255
売電費用	65	84
その他	494	328
営業外費用合計	801	668
経常利益	29,698	27,249
特別利益		
関係会社株式売却益	※5 291	※5 1,288
投資有価証券売却益	327	256
固定資産売却益	※6 459	※6 39
抱合せ株式消滅差益	364	－
その他	43	0
特別利益合計	1,486	1,585
特別損失		
固定資産除却損	※7 1,087	※7 1,129
減損損失	※8 1,097	※8 908
その他	138	166
特別損失合計	2,323	2,203
税金等調整前当期純利益	28,860	26,630
法人税、住民税及び事業税	8,329	6,774
法人税等調整額	260	1,489
法人税等合計	8,590	8,264
当期純利益	20,269	18,366
非支配株主に帰属する当期純利益	2,255	2,332
親会社株主に帰属する当期純利益	18,014	16,033

【連結包括利益計算書】

	前連結会計年度 （自 2020年12月 1 日 至 2021年11月30日）	当連結会計年度 （自 2021年12月 1 日 至 2022年11月30日）
当期純利益	20,269	18,366
その他の包括利益		
その他有価証券評価差額金	△147	638
繰延ヘッジ損益	22	△23
為替換算調整勘定	2,772	7,894
退職給付に係る調整額	1,219	4,968
持分法適用会社に対する持分相当額	409	790
その他の包括利益合計	※ 4,277	※ 14,268
包括利益	24,546	32,635
（内訳）		
親会社株主に係る包括利益	21,591	28,550
非支配株主に係る包括利益	2,955	4,084

(point) **連結財務諸表**

　ここでは貸借対照表（またはバランスシート，BS），損益計算書（PL），キャッシュフロー計算書の詳細を調べることができる。あまり会計に詳しくない場合は，最低限，損益計算書の売上と営業利益を見ておけばよい。可能ならば，その数字が過去 5 年，10年の間にどのように変化しているか調べると会社への理解が深まるだろう。

③ 【連結株主資本等変動計算書】

前連結会計年度（自　2020年12月1日　至　2021年11月30日）

（単位：百万円）

	株主資本				
	資本金	資本剰余金	利益剰余金	自己株式	株主資本合計
当期首残高	24,104	28,647	201,705	△15,865	238,592
当期変動額					
剰余金の配当			△5,665		△5,665
親会社株主に帰属する当期純利益			18,014		18,014
自己株式の取得				△10,004	△10,004
自己株式の消却			△20,031	20,031	－
連結子会社株式の売却による持分の増減					
非支配株主との取引に係る親会社の持分変動		△15			△15
連結範囲の変動			△8		△8
株主資本以外の項目の当期変動額（純額）					
当期変動額合計	－	△15	△7,690	10,026	2,320
当期末残高	24,104	28,632	194,015	△5,838	240,913

	その他の包括利益累計額					非支配株主持分	純資産合計
	その他有価証券評価差額金	繰延ヘッジ損益	為替換算調整勘定	退職給付に係る調整累計額	その他の包括利益累計額合計		
当期首残高	8,882	△4	△3,411	△4,315	1,151	47,612	287,356
当期変動額							
剰余金の配当							△5,665
親会社株主に帰属する当期純利益							18,014
自己株式の取得							△10,004
自己株式の消却							－
連結子会社株式の売却による持分の増減							－
非支配株主との取引に係る親会社の持分変動							△15
連結範囲の変動							△8
株主資本以外の項目の当期変動額（純額）	△192	12	2,448	1,306	3,576	△23,952	△20,376
当期変動額合計	△192	12	2,448	1,306	3,576	△23,952	△18,055
当期末残高	8,690	8	△962	△3,008	4,727	23,660	269,301

当連結会計年度（自　2021年12月1日　至　2022年11月30日）

（単位：百万円）

	株主資本				
	資本金	資本剰余金	利益剰余金	自己株式	株主資本合計
当期首残高	24,104	28,632	194,015	△5,838	240,913
当期変動額					
剰余金の配当			△6,533		△6,533
親会社株主に帰属する当期純利益			16,033		16,033
自己株式の取得				△1	△1
自己株式の消却					
連結子会社株式の売却による持分の増減		△4			△4
非支配株主との取引に係る親会社の持分変動		6			6
連結範囲の変動					
株主資本以外の項目の当期変動額（純額）					
当期変動額合計	－	2	9,500	△1	9,500
当期末残高	24,104	28,634	203,515	△5,840	250,413

	その他の包括利益累計額					非支配株主持分	純資産合計
	その他有価証券評価差額金	繰延ヘッジ損益	為替換算調整勘定	退職給付に係る調整累計額	その他の包括利益累計額合計		
当期首残高	8,690	8	△962	△3,008	4,727	23,660	269,301
当期変動額							
剰余金の配当							△6,533
親会社株主に帰属する当期純利益							16,033
自己株式の取得							△1
自己株式の消却							－
連結子会社株式の売却による持分の増減							△4
非支配株主との取引に係る親会社の持分変動							6
連結範囲の変動							－
株主資本以外の項目の当期変動額（純額）	657	△9	6,874	4,994	12,516	3,305	15,821
当期変動額合計	657	△9	6,874	4,994	12,516	3,305	25,322
当期末残高	9,348	△1	5,911	1,985	17,244	26,965	294,623

④ 【連結キャッシュ・フロー計算書】

（単位：百万円）

	前連結会計年度 （自 2020年12月 1 日 至 2021年11月30日）	当連結会計年度 （自 2021年12月 1 日 至 2022年11月30日）
営業活動によるキャッシュ・フロー		
税金等調整前当期純利益	28,860	26,630
減価償却費	15,336	16,062
減損損失	1,097	908
のれん償却額	198	187
退職給付費用	883	541
持分法による投資損益（△は益）	△998	△928
抱合せ株式消滅差損益（△は益）	△364	－
投資有価証券評価損益（△は益）	7	－
退職給付に係る負債の増減額（△は減少）	△146	0
退職給付に係る資産の増減額（△は増加）	△186	△983
役員賞与引当金の増減額（△は減少）	△16	△12
賞与引当金の増減額（△は減少）	221	△114
貸倒引当金の増減額（△は減少）	△179	△32
受取利息及び受取配当金	△532	△712
支払利息	241	255
投資有価証券売却損益（△は益）	△326	△256
関係会社株式売却損益（△は益）	△278	△1,288
固定資産除売却損益（△は益）	707	1,112
売上債権の増減額（△は増加）	△408	△1,320
棚卸資産の増減額（△は増加）	△2,775	△5,949
仕入債務の増減額（△は減少）	613	4,337
未払金の増減額（△は減少）	663	△940
未払消費税等の増減額（△は減少）	3,887	△1,623
長期未払金の増減額（△は減少）	△160	－
その他	△1,020	231
小計	45,323	36,106
利息及び配当金の受取額	835	1,013
利息の支払額	△242	△245
法人税等の支払額	△7,383	△9,674
営業活動によるキャッシュ・フロー	38,533	27,199

	前連結会計年度 （自　2020年12月 1 日 至　2021年11月30日）	当連結会計年度 （自　2021年12月 1 日 至　2022年11月30日）
投資活動によるキャッシュ・フロー		
有形固定資産の取得による支出	△7,743	△12,482
無形固定資産の取得による支出	△3,842	△4,323
投資有価証券の取得による支出	△18	△117
投資有価証券の売却による収入	591	440
連結の範囲の変更を伴う子会社株式の売却による収入	5	―
連結の範囲の変更を伴う子会社株式の売却による支出	△8,801	―
関係会社株式の売却による収入	―	1,498
短期貸付金の純増減額（△は増加）	78	130
長期貸付けによる支出	△3	△113
長期貸付金の回収による収入	81	98
定期預金の預入による支出	△2,058	△1,823
定期預金の払戻による収入	1,482	1,197
その他	△50	△453
投資活動によるキャッシュ・フロー	△20,277	△15,947
財務活動によるキャッシュ・フロー		
短期借入金の純増減額（△は減少）	△455	1,388
リース債務の返済による支出	△642	△647
長期借入れによる収入	495	15
長期借入金の返済による支出	△1,481	△10,301
配当金の支払額	△5,665	△6,533
非支配株主への配当金の支払額	△1,441	△1,230
自己株式の取得による支出	△10,004	△1
連結の範囲の変更を伴わない子会社株式の売却による収入	―	441
引出制限付預金の引出による収入	492	55
財務活動によるキャッシュ・フロー	△18,701	△16,812
現金及び現金同等物に係る換算差額	1,322	4,192
現金及び現金同等物の増減額（△は減少）	875	△1,367
現金及び現金同等物の期首残高	65,777	66,703
新規連結に伴う現金及び現金同等物の増加額	47	―
非連結子会社との合併に伴う現金及び現金同等物の増加額	2	―
現金及び現金同等物の期末残高	※ 66,703	※ 65,335

【注記事項】
（連結財務諸表作成のための基本となる重要な事項）

1. 連結の範囲に関する事項 ···

　連結子会社は46社です。主要な連結子会社は，キユーピータマゴ株式会社，デリア食品株式会社，キユーピー醸造株式会社，株式会社サラダクラブ，アヲハタ株式会社，杭州丘比食品有限公司，北京丘比食品有限公司およびQ&B FOODS,INC. です。

　非連結子会社は11社であり，主要な非連結子会社は，Kewpie-Egg World Trading U.S.A. Inc. です。これらの非連結子会社の総資産，売上高，当期純損益および利益剰余金等のうち持分に見合う額の合計額は，いずれも連結財務諸表に及ぼす影響が軽微であるため連結の範囲から除外しています。

2. 持分法の適用に関する事項 ···

　持分法適用の関連会社は17社です。主要な持分法適用の関連会社は，株式会社キユーソー流通システムです。

　持分法を適用していない非連結子会社（Kewpie-Egg World Trading U.S.A. Inc. 他の11社）および関連会社（エッグトラストジャパン株式会社他の9社）については，これらの会社の当期純損益および利益剰余金等のうち持分に見合う額の合計額は，いずれも連結財務諸表に及ぼす影響が軽微であるため持分法の適用範囲から除外しています。

3. 連結子会社の事業年度等に関する事項 ···

　連結子会社のうち，在外子会社9社の決算日は9月30日，6社の決算日は12月31日です。

　連結財務諸表の作成にあたっては，決算日が12月31日の在外子会社6社については，9月30日現在で実施した仮決算に基づく財務諸表を使用しており，その他の在外子会社9社については決算日現在の財務諸表を使用しています。

　ただし，連結決算日との間に発生した重要な取引については，連結上必要な調整を行っています。

4．会計方針に関する事項 ……………………………………………………

（1） 重要な資産の評価基準及び評価方法 …………………………………

（イ） 有価証券

① 満期保有目的の債券は，償却原価法（定額法）によるものです。

② 持分法非適用の子会社株式および関連会社株式は，移動平均法による原価法によるものです。

③ その他有価証券のうち時価のあるものは，決算日の市場価格等に基づく時価法（評価差額は全部純資産直入法により処理し，売却原価は移動平均法により算定）により，時価のないものは移動平均法による原価法によるものです。

（ロ） デリバティブ

時価法によるものです。

なお，ヘッジ会計の要件を満たす取引については，ヘッジ会計を採用しています。

（ハ） 棚卸資産

商品及び製品，仕掛品，原材料及び貯蔵品は，主として移動平均法による原価法（収益性の低下に基づく簿価切下げの方法）によるものです。

（2） 重要な減価償却資産の減価償却の方法 …………………………………

（イ） 有形固定資産（リース資産を除く）

定額法によるものです。

なお，主な耐用年数は以下のとおりです。

建物及び構築物　　　2〜50年

機械装置及び運搬具　2〜10年

（ロ） 無形固定資産（リース資産を除く）

定額法によるものです。

なお，主な耐用年数は以下のとおりです。

ソフトウエア　　　　5年〜10年

（ハ） リース資産

所有権移転外ファイナンス・リース取引に係るリース資産については，リー

ス期間を耐用年数とし，残存価額を零とする定額法を採用しています。

　なお，IFRSを適用している在外連結子会社については，IFRS第16号「リース」を適用しています。これにより，借手は原則としてすべてのリースを貸借対照表に資産および負債として計上し，資産に計上された使用権資産の減価償却方法については定額法を採用しています。

（3）　重要な引当金の計上基準 ···

（イ）　貸倒引当金

　債権の貸倒損失に備えるため，一般債権については過年度実績率を基礎とした将来の貸倒予測率により，貸倒懸念債権等特定の債権については個別に回収可能性を勘案し，回収不能見込額を計上しています。

（ロ）　賞与引当金

　従業員に支給する賞与の支出に備えるため，支給見込額の当連結会計年度負担額を計上しています。

（ハ）　役員賞与引当金

　役員に支給する賞与の支出に備えるため，当連結会計年度末における支給見込額を計上しています。

（4）　重要な収益及び費用の計上基準 ···

　当社グループは，市販用，業務用，海外，フルーツ ソリューションおよびファインケミカルを主要な事業としています。

（イ）　市販用

　市販用市場において，マヨネーズ・ドレッシング類，パスタソース，サラダ，惣菜，パッケージサラダ，育児食，介護食などの商品または製品の販売により収益を計上しています。当該商品または製品の支配が顧客に移転される時までの期間が通常の期間である場合には，出荷時点で収益を認識しています。また，収益は顧客との契約において約束された対価から，返品，値引きおよび割戻し等を控除した 金額で測定し，重大な金利要素は含んでいません。

（ロ）　業務用

業務用市場において，マヨネーズ・ドレッシング類，食酢，液卵，凍結卵，乾燥卵，卵加工食品などの商品または製品の販売により収益を計上しています。当該商品または製品の支配が顧客に移転される時までの期間が通常の期間である場合には，出荷時点で収益を認識しています。また，収益は顧客との契約において約束された対価から，返品，値引きおよび割戻し等を控除した金額で測定し，重大な金利要素は含んでいません。

（ハ）　海外

　　中国，東南アジア，北米などの海外市場において，マヨネーズ・ドレッシング類などの商品または製品の販売により収益を計上しています。当該商品または製品を引き渡した時点で収益を認識しますが，輸出販売においてはインコタームズ等に定められた貿易条件に基づきリスク負担が顧客に移転する時点で収益を認識しています。また，収益は顧客との契約において約束された対価から，返品，値引きおよび割戻し等を控除した金額で測定し，重大な金利要素は含んでいません。

（ニ）　フルーツ ソリューション

　　家庭用のジャム類，産業用のフルーツ加工品などの商品または製品の販売により収益を計上しています。当該商品または製品の支配が顧客に移転される時までの期間が通常の期間である場合には，出荷時点で収益を認識しています。また，収益は顧客との契約において約束された対価から，返品，値引きおよび割戻し等を控除した金額で測定し，重大な金利要素は含んでいません。

（ホ）　ファインケミカル

　　医薬品，化粧品，食品などの原料としてヒアルロン酸や卵黄レシチンなどの商品または製品の販売により収益を計上しています。当該商品または製品の支配が顧客に移転される時までの期間が通常の期間である場合には，出荷時点で収益を認識しています。また，収益は顧客との契約において約束された対価から，返品，値引きおよび割戻し等を控除した金額で測定し，重大な金利要素は含んでいません。

(5)　退職給付に係る会計処理の方法 ···

（イ）退職給付見込額の期間帰属方法

　　退職給付債務の算定にあたり，退職給付見込額を当連結会計年度末までの期間に帰属させる方法については，給付算定式基準によるものです。

（ロ）　数理計算上の差異および過去勤務費用の費用処理方法

　　過去勤務費用については，その発生時における従業員の平均残存勤務期間以内の一定の年数（主として12年）による定額法により費用処理しています。

　　数理計算上の差異については，各連結会計年度の発生時における従業員の平均残存勤務期間以内の一定の年数（主として12年）による定額法により按分した額を，それぞれ発生の翌連結会計年度から費用処理しています。

　　なお，年金資産の額が企業年金制度に係る退職給付債務の額を超えている場合には，連結貸借対照表の退職給付に係る資産に計上しています。

(6)　重要なヘッジ会計の方法 ···

（イ）　ヘッジ会計の方法

　　繰延ヘッジ処理を採用しています。

　　また，振当処理の要件を満たす取引については振当処理を採用しています。

（ロ）　ヘッジ手段

　　為替予約取引です。

（ハ）　ヘッジ対象

　　外貨建仕入取引です。

（ニ）　ヘッジ方針

　　為替相場の変動によるリスクを回避する目的で為替予約取引を行っています。

　　なお，投機的な取引は行わない方針です。

（ホ）　ヘッジ有効性評価の方法

　　管理手続は社内の管理規定に基づいて行い，ヘッジ対象の時価変動額とヘッジ手段の時価変動額を対比分析し，その有効性を評価し厳格に管理しています。

（7）　のれんの償却方法及び償却期間 ···

のれんは，その効果が発現すると見積られる期間で均等償却しています。ただし，金額が僅少な場合は，発生年度にその全額を償却しています。

（8）　連結キャッシュ・フロー計算書における資金の範囲 ·······················

連結キャッシュ・フロー計算書における資金（現金及び現金同等物）は，手許現金，随時引き出し可能な預金および容易に換金可能であり，かつ，価値の変動について僅少なリスクしか負わない取得日から3ヶ月以内に償還期限の到来する短期投資からなっています。

（重要な会計上の見積り）
（キユーピータマゴ株式会社の固定資産の評価）

キユーピータマゴ株式会社の一部の資産グループに係る固定資産は，新型コロナウイルス感染症による需要の減少，原料となる鶏卵価格の高騰および土地の市場価格の著しい下落による影響を受けて，減損の兆候が識別されました。減損損失の認識の判定を行い，当該資産グループのうち割引前将来キャッシュ・フローが固定資産の帳簿価額を下回っている資産グループについては，帳簿価額を回収可能価額まで減額し，当該減少額を減損損失として計上しました。

1．当連結会計年度の連結財務諸表に計上した金額

対象となる資産グループに係る固定資産の帳簿価額　　4,446百万円

2．識別した項目に係る重要な会計上の見積りの内容に関する情報

（1）将来キャッシュ・フローの見積りの算定方法および主要な仮定

減損損失の認識の判定および測定において，新型コロナウイルス感染症の収束傾向に伴う外食需要の緩やかな回復や鳥インフルエンザの発生減少に伴う鶏卵需給バランスの安定を前提に，売上数量，単位当たりの粗利益を主要な仮定として作成された事業計画に基づき，将来キャッシュ・フローを算定しています。

（2）翌連結会計年度の連結財務諸表に与える影響

新型コロナウイルス感染症の再拡大や鳥インフルエンザの影響により，業

績が悪化して，割引前将来キャッシュ・フローの見積り額と実績に乖離が生じた場合には，減損損失を計上する可能性があります。

（会計方針の変更）
　収益認識に関する会計基準等の適用
　「収益認識に関する会計基準」（企業会計基準第29号　2020年3月31日。以下「収益認識会計基準」という。）等を当連結会計年度の期首より適用し，約束した財またはサービスの支配が顧客に移転した時点で，当該財またはサービスと交換に受け取ると見込まれる金額で収益を認識しています。

　当社グループでは，商品または製品の国内販売において「収益認識に関する会計基準の適用指針」第98項に定める代替的な取扱いを適用し，出荷時から当該商品または製品の支配が顧客に移転される時までの期間が通常の期間である場合には，出荷時に収益を認識しています。

　収益認識会計基準等の適用については，収益認識会計基準第84項ただし書きに定める経過的な取扱いに従っており，当連結会計年度の期首より前に新たな会計方針を遡及適用した場合の累積的影響額を，当連結会計年度の期首の利益剰余金に加減し，当該期首残高より新たな会計方針を適用しています。

　この結果，当連結会計年度の売上高に与える影響は軽微であり，利益剰余金の当期首残高に与える影響はありません。また，1株当たり情報に与える影響はありません。

　収益認識会計基準等を適用したため，前連結会計年度の連結貸借対照表において，「流動負債」に表示していた「未払費用」の一部および「売上割戻引当金」は，当連結会計年度より「返金負債」として「流動負債」の「その他」に含めて表示しています。また，「流動負債」に表示していた「その他の引当金」および「流動負債」の「その他」に含めて表示していた「前受金」は，当連結会計年度より「契約負債」として「流動負債」の「その他」に含めて表示しています。

　なお，収益認識会計基準第89－3項に定める経過的な取扱いに従って，前連結会計年度に係る「収益認識関係」注記については記載していません。

時価の算定に関する会計基準等の適用

「時価の算定に関する会計基準」（企業会計基準第30号　2019年7月4日。以下「時価算定会計基準」という。）等を当連結会計年度の期首より適用し，時価算定会計基準第19項および「金融商品に関する会計基準」（企業会計基準第10号　2019年7月4日）第44－2項に定める経過的な取扱いに従って，時価算定会計基準等が定める新たな会計方針を将来にわたって適用することとしました。これによる連結財務諸表への影響はありません。

また，「金融商品関係」注記において，金融商品の時価のレベルごとの内訳等に関する事項等の注記を行うこととしました。ただし，「金融商品の時価等の開示に関する適用指針」（企業会計基準適用指針第19号　2019年7月4日）第7－4項に定める経過的な取扱いに従って，当該注記のうち前連結会計年度に係るものについては記載していません。

（未適用の会計基準等）
　米国会計基準を適用している在外連結子会社
　（ASU第2016－02号「リース」）
（1）　概要
　　当会計基準は，リースの借手において，原則としてすべてのリースについて資産および負債を認識すること等を要求するものです。
（2）　適用予定日
　　ASU第2016-02号は2023年11月期の期首から適用予定です。
（3）　当該会計基準等の適用による影響
　　「リース」の適用による連結財務諸表への影響は軽微です。

（表示方法の変更）
　（連結貸借対照表）
　収益認識に関する会計基準等の適用により，前連結会計年度において，「流動負債」に表示していた「未払費用」の一部および「売上割戻引当金」は，当連結会計年度より「返金負債」として「流動負債」の「その他」に含めて表示しています。

この表示方法の変更を反映させるため，前連結会計年度の連結財務諸表の組替え
を行っています。

　この結果，前連結会計年度の連結貸借対照表において，「流動負債」の「未払
費用」に表示していた2,930百万円および「売上割戻引当金」に表示していた
741百万円は，「その他」として組み替えています。

　収益認識に関する会計基準等の適用により，前連結会計年度において，「流動
負債」に表示していた「その他の引当金」は，当連結会計年度より「契約負債」と
して「流動負債」の「その他」に含めて表示しています。この表示方法の変更を反
映させるため，前連結会計年度の連結財務諸表の組替えを行っています。

　この結果，前連結会計年度の連結貸借対照表において，「流動負債」の「その
他の引当金」に表示していた58百万円は「その他」として組み替えています。

（連結損益計算書）
　前連結会計年度において，独立掲記していた「営業外収益」の「受取保険金」は，
営業外収益の総額の100分の10以下となったため，当連結会計年度より「その他」
に含めて表示しています。この表示方法の変更を反映させるため，前連結会計年
度の連結財務諸表の組替えを行っています。

　この結果，前連結会計年度の連結損益計算書において，「営業外収益」の「受
取保険金」に表示していた195百万円は，「その他」として組み替えています。

　前連結会計年度において，独立掲記していた「営業外費用」の「支払手数料」は，
営業外費用の総額の100分の10以下となったため，当連結会計年度より「その他」
に含めて表示しています。この表示方法の変更を反映させるため，前連結会計年
度の連結財務諸表の組替えを行っています。

　この結果，前連結会計年度の連結損益計算書において，「営業外費用」の「支
払手数料」に表示していた96百万円は，「その他」として組み替えています。

　前連結会計年度において，独立掲記していた「営業外費用」の「開業費」は，
営業外費用の総額の100分の10以下となったため，当連結会計年度より「その他」
に含めて表示しています。この表示方法の変更を反映させるため，前連結会計年
度の連結財務諸表の組替えを行っています。

この結果，前連結会計年度の連結損益計算書において，「営業外費用」の「開業費」に表示していた72百万円は，「その他」として組み替えています。

　前連結会計年度において，「営業外費用」の「その他」に含めていた「売電費用」は，営業外費用の総額の100分の10を超えたため，当連結会計年度より独立掲記することとしました。この表示方法の変更を反映させるため，前連結会計年度の連結財務諸表の組替えを行っています。

　この結果，前連結会計年度の連結損益計算書において，「営業外費用」の「その他」に表示していた65百万円は，「売電費用」として組み替えています。

　前連結会計年度において，独立掲記していた「特別損失」の「関係会社株式売却損」は，特別損失の総額の100分の10以下となったため，当連結会計年度より「その他」に含めて表示しています。この表示方法の変更を反映させるため，前連結会計年度の連結財務諸表の組替えを行っています。

　この結果，前連結会計年度の連結損益計算書において，「特別損失」の「関係会社株式売却損」に表示していた13百万円は，「その他」として組み替えています。

（連結キャッシュ・フロー計算書）
　収益認識に関する会計基準等の適用により，前連結会計年度において，独立掲記していた「営業活動によるキャッシュ・フロー」の「売上割戻引当金の増減額（△は減少）」は，当連結会計年度より「返金負債の増減額（△は減少）」として「営業活動キャッシュ・フロー」の「その他」に含めて表示しています。この表示方法の変更を反映させるため，前連結会計年度の連結財務諸表の組替えを行っています。

　この結果，前連結会計年度の連結キャッシュ・フロー計算書において，「営業活動によるキャッシュ・フロー」の「売上割戻引当金の増減額（△は減少）」に表示していた△5百万円は，「その他」として組み替えています。

（1）【財務諸表】···

①【貸借対照表】

（単位：百万円）

	前事業年度 （2021年11月30日）	当事業年度 （2022年11月30日）
資産の部		
流動資産		
現金及び預金	38,324	28,954
売掛金	※1 29,993	※1 29,551
有価証券	10,000	10,000
商品及び製品	6,716	8,365
仕掛品	79	67
原材料及び貯蔵品	3,383	4,216
短期貸付金	※1 2,543	※1 2,041
その他	※1 3,987	※1 5,265
貸倒引当金	△39	△2
流動資産合計	94,987	88,460
固定資産		
有形固定資産		
建物	38,475	38,386
構築物	1,779	2,262
機械及び装置	14,178	15,003
車両運搬具	17	19
工具、器具及び備品	951	905
土地	18,385	18,292
リース資産	269	213
建設仮勘定	1,750	1,627
有形固定資産合計	75,807	76,710
無形固定資産		
電話加入権	89	89
ソフトウエア	10,080	13,036
その他	125	67
無形固定資産合計	10,295	13,194
投資その他の資産		
投資有価証券	20,221	20,958
関係会社株式・出資金	36,071	35,961
長期貸付金	※1 129	※1 101
前払年金費用	14,261	14,787
長期前払費用	636	529
差入保証金	1,341	※1 1,344
その他	※1 878	※1 854
貸倒引当金	△71	△71
投資その他の資産合計	73,469	74,466
固定資産合計	159,572	164,371
資産合計	254,560	252,832

(point) 財務諸表

　この項目では，連結ではなく単体の貸借対照表と，損益計算書の内訳を確認することができる。連結＝単体＋子会社なので，会社によっては単体の業績を調べて連結全体の業績予想のヒントにする場合があるが，あまりその必要性がある企業は多くない。

	前事業年度 （2021年11月30日）	当事業年度 （2022年11月30日）
負債の部		
流動負債		
買掛金	※1 15,046	※1 17,704
短期借入金	※1 37,322	※1 28,753
未払金	※1 10,813	※1 10,348
未払法人税等	2,264	408
未払費用	189	251
賞与引当金	327	180
役員賞与引当金	79	73
その他	4,244	3,431
流動負債合計	70,289	61,151
固定負債		
社債	10,000	10,000
長期借入金	15,000	15,000
繰延税金負債	5,138	5,969
退職給付引当金	176	167
預り保証金	2,114	※1 1,994
その他	322	284
固定負債合計	32,751	33,416
負債合計	103,041	94,568
純資産の部		
株主資本		
資本金	24,104	24,104
資本剰余金		
資本準備金	29,418	29,418
資本剰余金合計	29,418	29,418
利益剰余金		
利益準備金	3,115	3,115
その他利益剰余金		
買換資産圧縮積立金	2,383	2,329
別途積立金	67,200	67,200
繰越利益剰余金	23,025	29,190
利益剰余金合計	95,724	101,835
自己株式	△5,880	△5,881
株主資本合計	143,367	149,476
評価・換算差額等		
その他有価証券評価差額金	8,151	8,787
評価・換算差額等合計	8,151	8,787
純資産合計	151,519	158,264
負債純資産合計	254,560	252,832

② 【損益計算書】

(単位：百万円)

	前事業年度 (自 2020年12月1日 至 2021年11月30日)	当事業年度 (自 2021年12月1日 至 2022年11月30日)
売上高	※1 178,513	※1 184,084
売上原価	※1 119,114	※1 127,187
売上総利益	59,399	56,896
販売費及び一般管理費	※1,※2 47,730	※1,※2 47,626
営業利益	11,668	9,269
営業外収益		
受取利息及び配当金	※1 3,100	※1 4,942
受取ロイヤリティー	※1 996	※1 1,135
その他	※1 513	※1 432
営業外収益合計	4,610	6,510
営業外費用		
支払利息	※1 204	※1 209
賃貸費用	159	165
売電費用	65	84
その他	330	210
営業外費用合計	760	669
経常利益	15,518	15,110
特別利益		
関係会社株式売却益	※3 222	※3 1,288
投資有価証券売却益	328	256
固定資産売却益	※4 414	※4 47
その他	42	―
特別利益合計	1,007	1,592
特別損失		
固定資産除却損	773	928
関係会社株式評価損	※5 917	―
その他	22	95
特別損失合計	1,713	1,024
税引前当期純利益	14,813	15,679
法人税、住民税及び事業税	3,832	2,475
法人税等調整額	△28	559
法人税等合計	3,803	3,035
当期純利益	11,009	12,644

③ 【株主資本等変動計算書】

前事業年度（自　2020年12月1日　至　2021年11月30日）

（単位：百万円）

	株主資本							
	資本金	資本剰余金			利益剰余金			
		資本準備金	資本剰余金合計	利益準備金	その他利益剰余金			利益剰余金合計
					買換資産圧縮積立金	別途積立金	繰越利益剰余金	
当期首残高	24,104	29,418	29,418	3,115	2,432	67,200	37,662	110,411
当期変動額								
その他利益剰余金の取崩					△49		49	―
剰余金の配当							△5,665	△5,665
当期純利益							11,009	11,009
自己株式の取得								
自己株式の消却							△20,031	△20,031
株主資本以外の項目の当期変動額（純額）								
当期変動額合計	―	―	―	―	△49	―	△14,636	△14,686
当期末残高	24,104	29,418	29,418	3,115	2,383	67,200	23,025	95,724

	株主資本		評価・換算差額等		純資産合計
	自己株式	株主資本合計	その他有価証券評価差額金	評価・換算差額等合計	
当期首残高	△15,906	148,027	8,298	8,298	156,326
当期変動額					
その他利益剰余金の取崩		―			―
剰余金の配当		△5,665			△5,665
当期純利益		11,009			11,009
自己株式の取得	△10,004	△10,004			△10,004
自己株式の消却	20,031	―			
株主資本以外の項目の当期変動額（純額）			△146	△146	△146
当期変動額合計	10,026	△4,660	△146	△146	△4,806
当期末残高	△5,880	143,367	8,151	8,151	151,519

当事業年度（自　2021年12月1日　至　2022年11月30日）

（単位：百万円）

	株主資本							
	資本金	資本剰余金		利益剰余金				
		資本準備金	資本剰余金合計	利益準備金	その他利益剰余金			利益剰余金合計
					買換資産圧縮積立金	別途積立金	繰越利益剰余金	
当期首残高	24,104	29,418	29,418	3,115	2,383	67,200	23,025	95,724
当期変動額								
その他利益剰余金の取崩					△53		53	―
剰余金の配当							△6,533	△6,533
当期純利益							12,644	12,644
自己株式の取得								
自己株式の消却								
株主資本以外の項目の当期変動額（純額）								
当期変動額合計	―	―	―	―	△53	―	6,164	6,110
当期末残高	24,104	29,418	29,418	3,115	2,329	67,200	29,190	101,835

| | 株主資本 | | 評価・換算差額等 | | 純資産合計 |
	自己株式	株主資本合計	その他有価証券評価差額金	評価・換算差額等合計	
当期首残高	△5,880	143,367	8,151	8,151	151,519
当期変動額					
その他利益剰余金の取崩		―			―
剰余金の配当		△6,533			△6,533
当期純利益		12,644			12,644
自己株式の取得	△1	△1			△1
自己株式の消却					―
株主資本以外の項目の当期変動額（純額）			636	636	636
当期変動額合計	△1	6,108	636	636	6,745
当期末残高	△5,881	149,476	8,787	8,787	158,264

【注記事項】

（重要な会計方針）

1．有価証券の評価基準及び評価方法 ・・

（1）　満期保有目的の債券 ・・・

償却原価法（定額法）によるものです。

（2）　子会社株式及び関連会社 ・・・

株式移動平均法による原価法によるものです。

（3）　その他有価証券 ・・

市場価格のない株式等以外のもの

時価法（評価差額は全部純資産直入法により処理し，売却原価は移動平均法
により算定）によるものです。

市場価格のない株式等

移動平均法による原価法によるものです。

2．デリバティブの評価基準及び評価方法 ・・・・・・・・・・・・・・・・・・・・・・・・・・・・・・・・・・・・・・

時価法によるものです。

3．棚卸資産 ・・・

（1）　評価基準 ・・・

商品及び製品，仕掛品，原材料及び貯蔵品は，原価法（収益性の低下に基づく
簿価切下げの方法）によるものです。

（2）　評価方法 ・・・

商品及び製品，仕掛品，原材料及び貯蔵品は，移動平均法によるものです。

4．固定資産の減価償却の方法 ・・・

（1）　有形固定資産（リース資産を除く）・・・・・・・・・・・・・・・・・・・・・・・・・・・・・・・・・・・・・・

定額法によるものです。

なお，主な耐用年数は以下のとおりです。

建物　　　　　　２〜50年

機械及び装置　2〜10年

（2）　**無形固定資産（リース資産を除く）**‥‥‥‥‥‥‥‥‥‥‥‥‥‥‥‥

　定額法によるものです。

　なお，主な耐用年数は以下のとおりです。

　　ソフトウエア　5〜10年

（3）　**リース資産**‥‥‥‥‥‥‥‥‥‥‥‥‥‥‥‥‥‥‥‥‥‥‥‥‥‥‥‥‥‥

　所有権移転外ファイナンス・リース取引に係るリース資産については，リース
期間を耐用年数とし，残存価額を零とする定額法を採用しています。

（4）　**長期前払費用**‥‥‥‥‥‥‥‥‥‥‥‥‥‥‥‥‥‥‥‥‥‥‥‥‥‥‥‥

　定額法によるものです。

5．引当金の計上基準 ‥‥‥‥‥‥‥‥‥‥‥‥‥‥‥‥‥‥‥‥‥‥‥‥‥‥

（1）　**貸倒引当金**‥‥‥‥‥‥‥‥‥‥‥‥‥‥‥‥‥‥‥‥‥‥‥‥‥‥‥‥‥‥

　債権の貸倒損失に備えるため，一般債権については過年度実績率を基礎とした
将来の貸倒予測率により，貸倒懸念債権等特定の債権については個別に回収可能
性を勘案し，回収不能見込額を計上しています。

（2）　**賞与引当金**‥‥‥‥‥‥‥‥‥‥‥‥‥‥‥‥‥‥‥‥‥‥‥‥‥‥‥‥‥‥

　従業員に支給する賞与の支出に備えるため，支給見込額の当事業年度負担額を
計上しています。

（3）　**役員賞与引当金**‥‥‥‥‥‥‥‥‥‥‥‥‥‥‥‥‥‥‥‥‥‥‥‥‥‥‥

　役員に支給する賞与の支出に備えるため，当事業年度末における支給見込額を
計上しています。

（4）　**退職給付引当金**‥‥‥‥‥‥‥‥‥‥‥‥‥‥‥‥‥‥‥‥‥‥‥‥‥‥‥

　従業員の退職給付に備えるため，当事業年度末における退職給付債務および年
金資産の見込額に基づき計上しています。

①　**退職給付見込額の期間帰属方法**

　　退職給付債務の算定にあたり，退職給付見込額を当事業年度末までの期間に
　帰属させる方法については，給付算定式基準によるものです。

②　**数理計算上の差異および過去勤務費用の費用処理方法**

過去勤務費用については，その発生時における従業員の平均残存勤務期間以内の一定の年数（12年）による定額法により費用処理しています。

数理計算上の差異については，各事業年度の発生時における従業員の平均残存勤務期間以内の一定の年数（12年）による定額法により按分した額を，それぞれ発生の翌事業年度から費用処理しています。

なお，年金資産の額が企業年金制度に係る退職給付債務に当該企業年金制度に係る未認識数理計算上の差異等を加減した額を超えている場合には，貸借対照表の前払年金費用に計上しています。

6. 収益及び費用の計上基準 ···

当社は，市販用，業務用，海外およびファインケミカルを主要な事業としています。

（1） 市販用 ···

市販用市場において，マヨネーズ・ドレッシング類，パスタソース，サラダ，惣菜，パッケージサラダ，育児食，介護食などの商品または製品の販売により収益を計上しています。当該商品または製品の支配が顧客に移転される時までの期間が通常の期間である場合には，出荷時点で収益を認識しています。また，収益は顧客との契約において約束された対価から，返品，値引きおよび割戻し等を控除した金額で測定し，重大な金利要素は含んでいません。

（2） 業務用 ···

業務用市場において，マヨネーズ・ドレッシング類，食酢，液卵，凍結卵，乾燥卵，卵加工食品などの商品または製品の販売により収益を計上しています。当該商品または製品の支配が顧客に移転される時までの期間が通常の期間である場合には，出荷時点で収益を認識しています。また，収益は顧客との契約において約束された対価から，返品，値引きおよび割戻し等を控除した金額で測定し，重大な金利要素は含んでいません。

（3） 海外 ···

中国，東南アジア，北米などの海外市場において，マヨネーズ・ドレッシング類などの商品または製品の輸出販売により収益を計上しています。輸出販売にお

いては，インコタームズ等に定められた貿易条件に基づきリスク負担が顧客に移転する時点で収益を認識しています。また，収益は顧客との契約において約束された対価から，返品，値引きおよび割戻し等を控除した金額で測定し，重大な金利要素は含んでいません。

（4） ファインケミカル

医薬品，化粧品，食品などの原料としてヒアルロン酸や卵黄レシチンなどの商品または製品の販売により収益を計上しています。当該商品または製品の支配が顧客に移転される時までの期間が通常の期間である場合には，出荷時点で収益を認識しています。また，収益は顧客との契約において約束された対価から，返品，値引きおよび割戻し等を控除した金額で測定し，重大な金利要素は含んでいません。

7．その他財務諸表作成のための基本となる重要な事項
退職給付に係る会計処理

退職給付に係る未認識数理計算上の差異および未認識過去勤務費用の未処理額の会計処理方法は，連結財務諸表におけるこれらの会計処理の方法と異なっています。

（重要な会計上の見積り）

該当事項はありません。

（会計方針の変更）

収益認識に関する会計基準等の適用

「収益認識に関する会計基準」（企業会計基準第29号　2020年3月31日。以下「収益認識会計基準」という。）等を当事業年度の期首から適用し，約束した財またはサービスの支配が顧客に移転した時点で，当該財またはサービスと交換に受け取ると見込まれる金額で収益を認識しています。

当社では，商品または製品の国内販売において「収益認識に関する会計基準の適用指針」第98項に定める代替的な取扱いを適用し，出荷時から当該商品また

は製品の支配が顧客に移転される時までの期間が通常の期間である場合には，出荷時に収益を認識しています。

収益認識会計基準等の適用については，収益認識会計基準第84項ただし書きに定める経過的な取扱いに従っており，当事業年度の期首より前に新たな会計方針を遡及適用した場合の累積的影響額を，当事業年度の期首の利益剰余金に加減し，当該期首残高から新たな会計方針を適用しています。

この結果，当事業年度の売上高および利益剰余金の当期首残高に与える影響はありません。また，1株当たり情報に与える影響はありません。

収益認識会計基準等を適用したため，前事業年度の貸借対照表において，「流動負債」に表示していた「未払費用」の一部および「売上割戻引当金」は，当事業年度から「返金負債」として「流動負債」の「その他」に含めて表示しています。

なお，収益認識会計基準第89-3項に定める経過的な取扱いに従って，前事業年度に係る「収益認識関係」注記については記載していません。

時価の算定に関する会計基準等の適用

「時価の算定に関する会計基準」（企業会計基準第30号 2019年7月4日。以下「時価算定会計基準」という。）等を当事業年度の期首から適用し，時価算定会計基準第19項および「金融商品に関する会計基準」（企業会計基準第10号 2019年7月4日）第44－2項に定める経過的な取扱いに従って，時価算定会計基準等が定める新たな会計方針を将来にわたって適用することとしました。これによる財務諸表への影響はありません。

（表示方法の変更）

（貸借対照表）

収益認識に関する会計基準等の適用により，前事業年度において，「流動負債」に表示していた「未払費用」の一部および「売上割戻引当金」は，当事業年度より「返金負債」として「流動負債」の「その他」に含めて表示しています。

この結果，前事業年度において，「流動負債」の「未払費用」に表示していた2,141百万円および「売上割戻引当金」に表示していた568百万円は，「その他」として

組み替えています。

（損益計算書）

前事業年度において，「営業外費用」の「その他」に含めて表示していた「売電費用」は，金額的重要性が増したため，当事業年度より区分掲記しています。

なお，前事業年度の「売電費用」は65百万円です。

また，前事業年度において，区分掲記していた「営業外費用」の「支払手数料」は，金額的重要性が乏しくなったため，当事業年度より「営業外費用」の「その他」に含めて表示しています。

この結果，前事業年度において，「営業外費用」の「支払手数料」に表示していた64百万円は，「その他」として組み替えています。

第2章

食品・飲料業界の"今"を知ろう

企業の募集情報は手に入れた。しかし，それだけではまだ不十分。企業単位ではなく，業界全体を俯瞰する視点は，面接などでもよく問われる重要ポイントだ。この章では直近1年間の運輸業界を象徴する重大ニュースをまとめるとともに，今後の展望について言及している。また，章末には運輸業界における有名企業（一部抜粋）のリストも記載してあるので，今後の就職活動の参考にしてほしい。

▶▶「おいしい」を，お届け。

食品・飲料 業界の動向

　「食品」は私たちの暮らしに関わりの深い業界で，調味料，加工食品，菓子，パン，飲料など，多様な製品がある。食品に関する分野は多彩だが，人口減少の影響で国内の市場は全体に縮小傾向にある。

❖ 加工食品の動向

　2022年の国内の加工食品市場規模は，30兆2422億円となった（矢野経済研究所調べ）。また，同社の2026年の予測は31兆984億円となっている。外食産業向けが回復傾向にあることに加え、食品の価格が値上がりしていることで市場規模は拡大する見込みである。

　食べ物は人間の生活に欠かせない必需品のため，食品業界は景気変動の影響を受けにくいといわれる。しかし，日本は加工食品の原料の大部分を輸入に頼っており，為替や相場の影響を受けやすい。一例を挙げると，小麦は9割が輸入によるもので，政府が一括して購入し，各社に売り渡される。大豆の自給率も7％で9割以上を輸入で賄っており，砂糖の原料もまた6割強を輸入に頼っている。そのため，2022年は未曾有の値上げラッシュとなった。2023年度も原料高に加えて人件費の上昇も加算。帝国データバンクによると主要195社の食品値上げは2万5768品目だったことに対し，2023年は年間3万品目を超える見通しとなっている。近年の物流費や人件費の高騰もあり，食品メーカーは，AI・IoT技術を活用した生産体制の合理化によるコストの低減や，値上げによる買い控えに対抗するため「利便性」や「健康志向」など付加価値のある商品の開発を進めている。また，グローバル市場の取り込みも急務で，各国市場の特性を踏まえながら，スピード感を持って海外展開を進めていくことが求められる。

●「利便性」や「健康志向」などをアピールする高付加価値商品

　利便性については，単身世帯の増加や女性の就業率上昇に伴い，簡単に調理が可能な食品の需要が増えている。そんな事情から，カットされた食材や調味料がセットになって宅配されるサービス「ミールキット」の人気が高まっている。2013年にサービスが始まったオイシックスの「Kit Oisix」は，2019年には累計出荷数は4000万食を超えてた。ヨシケイのカフェ風でおしゃれな「Lovyu（ラビュ）」の販売数は2016年5月の発売から1年間で700万食を突破した。また，日清フーズが手がける小麦粉「日清 クッキング フラワー」は，コンパクトなボトルタイプで少量使いのニーズに応え，累計販売数2600万個という異例のヒットとなった。

　健康については，医療費が増大している背景から，政府も「セルフメディケーション」を推進している。2015年4月には消費者庁によって，特定保健用食品（トクホ）・栄養機能食品に続く「機能性表示食品」制度がスタートした。トクホが消費者庁による審査で許可を与えられる食品であるのに対して，機能性表示食品はメーカーが科学的根拠を確認し，消費者庁に届け出ることで，機能性が表示できるという違いがある。同制度施行後，機能性をうたった多くの商品が登場し，2020年6月時点での届出・受理件数は3018件となっている。日本初の機能性表示食品のカップ麺となったのは，2017年3月に発売されたエースコックの「かるしお」シリーズで，減塩率40％，高めの血圧に作用するGABAを配合している。機能性表示はないものの，糖質・脂質オフで爆発的ヒットとなったのは，日清食品の「カップヌードルナイス」で，2017年4月の発売からわずか40日で1000万個を突破し，日清史上最速記録となった。そのほか，「内臓脂肪を減らす」をアピールした雪印メグミルクの「恵megumiガセリ菌SP株ヨーグルト」や「情報の記憶をサポート」とパッケージに記載したマルハニチロの「DHA入りリサーラソーセージ」も，売上を大きく伸ばしている。

　人口減の影響で売上の大きな増加が難しい国内では，商品の価値を上げることで利益を出す方針が重要となる。多少価格が高くとも，特定の健康機能を訴求した商品などはまさにそれに当たる。時代のニーズに剃った商品開発が継続して求められている。

●政府も後押しする，海外展開

　景気動向に左右されにくいといわれる食品業界だが，少子高齢化の影響で，国内市場の縮小は避けられない。しかし，世界の食品市場は拡大傾向

にある。新興国における人口増加や消費市場の広がりにより，2009年には340兆円だった市場規模が，2030年には1,360兆円に増加すると推察されていた（農林水産省調べ）。それに向けて政府は，世界の食品市場で日本の存在感を高めるための輸出戦略を策定した。これは，日本食材の活用推進（Made From Japan），食文化・食産業の海外展開（Made By Japan），農林水産物・食品の輸出（Made In Japan）の3つの活動を一体的に推進するもので，それぞれの頭文字をとって「FBI戦略」と名づけられた。この戦略のもと，2014年に6117億円であった日本の農林水産物・食品の輸出額を，2020年に1兆円に増やしていくことが目標となっていた。

　政府の施策を背景に，食品メーカーもまた，海外での事業拡大を進めている。キッコーマンはすでに営業利益の7割超を海外で稼ぎ出している。日清オイリオグループとカゴメも，海外比率が約20％である。カゴメは2016年，トマトの栽培技術や品種改良に関する研究開発拠点をポルトガルに設け，世界各地の天候や地質に合った量産技術を確立を目指している。1993年から中国に進出しているキユーピーも，2017年に上海近郊の新工場が稼働させた。日清製粉グループは，米国での小麦粉の生産能力を拡大するため，2019年にミネソタ州の工場を増設した。

　海外における国内メーカーの動きに追い風となっているのが，海外での健康志向の広がりである。これまでジャンクフード大国だった米国でも，ミレニアル世代と呼ばれる若年層を中心にオーガニック食品やNon-GMO（遺伝子組み換えを行っていない食品），低糖・低カロリー食品がブームになっている。2013年にユネスコの無形文化遺産に登録された和食には「健康食」のイメージがあり，健康志向食品においては強みとなる。味の素は，2017年，米国の医療食品会社キャンブルックを買収し，メディカルフード市場へ参入した。付加価値の高い加工食品，健康ケア食品，サプリメントなどを同社のプラットフォームに乗せて展開することを意図したものと思われる。

　2020年は新型コロナ禍により内食需要が高まり，家庭で簡単に調理できる乾麺や，時短・簡便食品，スナック類の売上が大きく伸びた。その一方でレストランなど業務用に商品を展開してきた企業にとっては需要の戻りがいまだ見込めていない。企業の強みによって明暗が分かれた形だが，今後健康志向などの新しいニーズに，いかに素早くこたえられるかがカギとなってくると思われる。

❖ パン・菓子の動向

　2022年のパンの生産量は，前年比微減の124万7620となっている。製パン各社も原材料高で主力製品を2年連続で値上げをしている。

　食生活の変化に伴って，パンの需要は年々拡大しており2011年にはパンの支出がコメを上回ったが，2018年は夏場の気温上昇で伸び悩んだ。製パン業界では，供給量を増やす企業が増えている。山崎製パンは約210億円を投じて，国内で28年ぶりに工場を新設し，2018年2月から操業を開始している。2016年には，ナビスコとのライセンス契約終了で1970年から続いた「リッツ」や「オレオ」の製造販売が終了したが，好調な製パン部門に注力して利益を確保している。

　菓子の分野では，原材料や素材にこだわり，プレミアム感を打ち出した高価格商品に人気が集まっている。明治が2016年9月にリニューアル発売した「明治 ザ・チョコレート」は，産地ごとのプレミアムなカカオ豆を使い，豆の生産から製造まで一貫した工程でつくられた板チョコだが，通常の2倍の価格ながら，約1年間で3000万枚というヒットにつながっている。湖池屋は，国産じゃがいもを100％使用した高級ポテトチップス「KOIKEYA PRIDE POTATO」を発売した。これは2017年2月の発売直後から大ヒットとなり，2カ月で売上が10億円を突破，半年で初年度目標の20億円を超えている。

●パンにも波及する安全性への取り組み

　2018年6月，米国食品医薬品局（FDA）が，トランス脂肪酸を多く含むマーガリン，ショートニングといった部分水素添加油脂（硬化油）について，食品への使用を原則禁止にする発表を行った。トランス脂肪酸規制の動きは世界的に急速に強まっており，日本では規制はされていないものの，自主的にトランス脂肪酸の低減化に乗り出す食品メーカー，含有量を表示するメーカーも出ている。製パン業界最大手の山崎製パンも全製品でトランス脂肪酸を低減したと自社ホームページで告知を行っている。

　トランス脂肪酸の低減にあたっては，別の健康リスクを高めないように安全性にも注意する必要がある。トランス脂肪酸が多く含まれる硬化油脂を，別の硬い性質を持つ油脂（たとえばパーム油など）に代替すれば，トランス脂肪酸は低減できるが，日本人が摂りすぎ傾向にある飽和脂肪酸の含有量

を大幅に増加させてしまう可能性もある。米国農務省（USDA）は，食品事業者にとってパーム油はトランス脂肪酸の健康的な代替油脂にはならないとする研究報告を公表している。

●8000億円に迫る乳酸菌市場

加工食品と同様，菓子の分野でも，健康を意識した商品が増えている。とくに，明治の「R-1」をはじめとする機能性ヨーグルトは，各社が開発競争を激化させており，乳酸菌応用商品の市場規模は，2021年には7784億円となった（TPCマーケティングリサーチ調べ）。そういったなか，森永乳業が発見した独自素材「シールド乳酸菌」が注目を集めている。「シールド乳酸菌」は，免疫力を高めるヒト由来の乳酸菌で，森永乳業が保有する数千株の中から2007年に発見された。これを9年かけて商品化した森永製菓の「シールド乳酸菌タブレット」は「食べるマスク」というキャッチプレーズのインパクトもあり，2016年9月の発売から1カ月で半年分の売り上げ目標を達成した。森永乳業の登録商標であるが，他社からの引き合いも多く，永谷園のみそ汁や吉野家のとん汁など，シールド乳酸菌を導入した企業は100社を超える。その結果，森永乳業のBtoB事業の営業利益率は大きく向上した。

キリンも2017年9月，独自開発した「プラズマ乳酸菌」を使った商品の展開を発表した。清涼飲料水やサプリメントのほか，他社との連携も始め，10年後に乳酸菌関連事業で230億円の売上高を目指す。

❖ 飲料の動向

清涼飲料は，アルコール分が1％未満の飲料で，ミネラルウォーターや炭酸飲料，コーヒー，茶系飲料などが含まれる。全国清涼飲料工業会によれば，2022年の清涼飲料の生産量は2272万klと微増。新型コロナウイルスの影響による売上高が急減からの復調し，ネット通販も好調だ。感染リスクを懸念して重量のある飲料をまとめ買いする需要が拡大した。

コロナ禍が追い風となったのは，乳酸菌飲料や無糖飲料といった，健康志向にマッチした商品だ。ヤクルトとポッカサッポロは2021年に植物性食品開発に向けた業務提携協議開始を発表した。また，キリンビバレッジは「iMUSE」などヘルスケア志向商品の強化を進めている。

●女性ニーズで注目のスープ系飲料

　飲料分野で注目を集めているのがスープ系飲料である。ワーキング・ウーマンをメインターゲットに，甘くなく，小腹を満たしたいニーズや，パンとあわせてランチにするニーズが増えており，自動販売機やコンビニエンスストアなどで，各社から新製品の発売が続いている。全国清涼飲料連合会の調べでは，2017年のドリンクスープの生産量は，2013年比43％増の3万2800klで4年連続で増加している。

　スープ飲料のトップシェアは，ポッカサッポロフード＆ビバレッジで，定番の「じっくりコトコト　とろ〜りコーン」や「同オニオンコンソメ」に加え，2018年秋には「濃厚デミグラススープ」をラインナップに追加した。サントリー食品インターナショナルは、9月よりスープシリーズの「ビストロボス」の発売を全国の自動販売機で開始。キリンビバレッジも6月から「世界のkitchenから　とろけるカオスープ」を販売している。また，伊藤園は既存のみそ汁や野菜スープに追加して「とん汁」を発売，永谷園はJR東日本ウォータービジネスと共同開発したコラーゲン1000mg配合の「ふかひれスープ」をJR東日本の自動販売機で販売している。スムージーが好調なカゴメも販売地域は1都6県に限定しているが「野菜生活100　スムージー」シリーズとして10月より「とうもろこしのソイポタージュ」と「かぼちゃとにんじんのソイポタージュ」の販売を開始した。

❖ 酒類の動向

　国内大手4社によるビール類の2022年出荷量は，3億4000万ケース（1ケースは大瓶20本換算）で前年増。2023年10月の酒税改正で減税となるビールに追い風が吹いている。酒税法改正で，「アサヒスーパードライ」「キリン一番搾り」「サントリー生ビール」「サッポロ生ビール黒ラベル」などの主力缶製品が値下げ。となる見込みだ。

　2023年はコロナも開け，飲食店向けの業務用ビールは復調傾向にあるが，原材料の高騰もあり今回の改訂の恩恵は少ない。2022年に続き2023年も値上げされることになった。

●大手各社，積極的な海外進出もコロナが影を落とす

　酒類業界でもまた，海外市場を目指す動きが顕著になっている。国税庁

の発表では，2020年の国産酒類の輸出金額は前年比7.5％増の約710億円で，9年連続で過去最高。国内市場に縮小傾向が見える状況もあり，国内各社も，国産の輸出だけでなく，海外での製造・販売も含め，活動を活発化させている。

　2016年10月，「バドワイザー」や「コロナ」で知られるビール世界最大手アンハイザー・ブッシュ・インベブ（ベルギー）が，同2位の英SABミラーを約10兆円で買収し，世界シェアの3割を占める巨大企業が誕生した。同社は独占禁止法に抵触するのを避けるため，一部の事業を売却し，2016年から17年にかけて，アサヒがイタリアやオランダ，チェコなど中東欧のビール事業を総額約1兆2000億円で買収した。サントリーは2014年，米国蒸留酒大手ビーム社を1兆6500億円で買収し，相乗効果の創出を急いでいる。キリンは海外展開に苦戦しており，約3000億円を投じたブラジル事業を2017年に770億円でハイネケンに売却した。ただ，同年2月にはミャンマーのビール大手を買収し，すでに取得していた現地企業と合わせて，ミャンマーでの市場シェア9割を手中に収めている。また，ベトナムのビール事業で苦戦しているサッポロも，2017年に米国のクラフトビールメーカーであるアンカー・ブリューイング・カンパニーを買収した。同社のSAPPORO PREMIUM BEERは米国ではアジアビールブランドの売上トップであり，さらにクラフトビールを加えることで売上増を目指している。

　2020年は新型コロナウイルスの流行による影響で，飲食店で消費されるビールが減り，家庭で多く飲まれる第三のビールの販売量が増えた。在宅勤務や外出自粛などで運動不足になりがちな消費者が健康志向で発泡酒を求める動きもでてきている。

食品・飲料業界

直近の業界各社の関連ニュースを
ななめ読みしておこう。

食品値上げ一服、日用品は一段と　メーカー100社調査

消費財メーカー各社の値上げに一服感が漂っている。食品・日用品メーカーを対象に日経MJが10〜11月に実施した主力商品・ブランドの価格動向調査で、今後1年に値上げの意向を示した企業は51%と前回調査を11ポイント下回った。価格転嫁は進むものの販売量が減少。販路別の販売量では5割の企業がスーパー向けが減ったと回答した。

調査では今後1年間の値付けの意向について聞いた。値上げを「予定」「調整」「検討」すると回答した企業が全体の51%だった。3〜4月に実施した第1回調査からは24ポイント以上低下している。今回「値上げを予定」と回答した企業は22%と、前回調査を14ポイント下回った。

一方、価格を「変える予定はない」とした企業は6ポイント増の22%となった。値下げを「予定」「調整」「検討」と回答する企業は前回調査で1%だったが、今回は5%となった。直近3カ月で値上げした企業の割合は42%と、前回を9ポイント下回る。一方で「変えていない」とした企業は10ポイント増え59%となった。

値上げの一服感が顕著なのがここ2年ほど値上げを進めてきた食品各社。今後1年間の間に値上げを「予定」「調整」「検討」すると回答した企業の割合は計48%と、前回調査を10ポイント以上下回った。

こうした動きの背景の一つは消費者の値上げへの抵抗感が強まっていることだ。2021年以降に値上げした主力商品・ブランドについて「販売量は減った」と回答した企業は前回調査とほぼ同等の56%。値上げ前と比べ数量ベースで苦戦が続いている企業が多い状況がうかがえる。

「数量減があり、期待したほどの売り上げ増にはなっていない」と吐露するのはキッコーマンの中野祥三郎社長。同社は主力のしょうゆ関連調味料などを4月と8月に断続的に値上げした。収益改善効果を期待したが、国内の同調味料の

4～9月の売上高は前年同期比1.2%減となった。

今後については少しずつ値上げが浸透し数量ベースでも回復するとみるものの「食品業界全体で値上げが起こっているので、どうしても節約志向の面も出ている」と打ち明ける。

23年初めに家庭用・業務用の冷凍食品を最大25%値上げした味の素。同社によると、冷凍ギョーザ類では値上げ以降にそのシェアは13ポイント減の31%となり、1位の座を「大阪王将」を展開するイートアンドホールディングス（HD）に譲り渡すことになった。

実際、調査で聞いた「消費者の支出意欲」のDI（「高くなっている」から「低くなっている」を引いた指数）は前回から8ポイント悪化しマイナス16となった。3カ月後の業況見通しも7ポイント低下のマイナス11となり、前回調査と比べても消費者の財布のひもが固くなっている状況もうかがえる。

そんな節約意識の高まりで再び脚光を浴びているのが小売各社のPBだ。都内在住の40代の主婦は「同じようなものであればいいと、値ごろなPB（プライベートブランド）品を買う機会も増えてきた」と話す。

調査では、出荷先の業態ごとに1年前と比べた販売量の状況を聞いた。ドラッグストアとコンビニエンスストア向けは「変わらない」が最も多かったのに対し、食品スーパーや総合スーパー（GMS）は「減った」が最多となった。

実際、スーパー各社では売り上げに占めるPBの比率が増えている。ヤオコーはライフコーポレーションと共同開発した「スターセレクト」などが好調。23年4～9月期のPB売上高は前年同期比10%増となった。小売大手では、イオンが生鮮品を除く食品PBの半分の刷新を計画するなど需要獲得へ動きは広がる。

自社のブランドに加えてPBも生産する企業の思いは複雑だ。ニチレイの大櫛顕也社長は「開発コストなどを考えるとPBの方が有利な面もある」とする。一方で「収益性のよいものもあるが、相手先が終売を決めたとたんに収益がゼロになるリスクがある。ブランドを育てて展開する自社製品と異なる点だ」と語る。

一方で、値上げ局面が引き続き続くとみられるのが、日用品業界だ。食品より遅く22年前半頃から値上げを始めたこともあり、今回の調査では5割の企業が今後1年で値上げの意向を示した。食品メーカーを上回り、前回調査を17ポイント上回った。値上げを「予定」する企業に限ると前回調査はゼロだったが、今回は2割に増えた。

新型コロナウイルスによる社会的制約が一服したことから、外出機会が増加。それに伴い日用品業界は大手各社が主力とする洗剤や日焼け止め関連商品など

の需要が高まっており、他業界と比べ価格を引き上げやすい局面が続く。

値上げに積極的なのは最大手の花王。原材料高により22〜23年にかけて510億円と見込むマイナス影響のうち480億円を値上げでカバーする計画だ。UVケアなどを手掛ける事業は値上げしたものの数量ベースでも伸ばした。

エステーは「消臭力」の上位ランクに位置づけるシリーズで寝室向けの商品を発売。従来品の8割近く高い価格を想定している。

消費の減退が浮き彫りになる一方で原材料価格の見通しは不透明感を増している。食品・日用品各社のうち、仕入れ価格上昇が「24年7月以降も続く」と回答した企業は32%と、前回調査での「24年4月以降」を13ポイント下回った。一方で大きく増えたのが「わからない」の59%で、前回から18ポイント増加した。

J—オイルミルズの佐藤達也社長は「正直この先の原料価格の見通しを正確に読むことは私たちのみならずなかなかできないのではないか」と打ち明ける。不透明感が増す原材料価格も、企業の値上げへの考え方に影響を及ぼしている。

ただ、ここ2年で進んできた値上げは着実に浸透している。主力商品・ブランドのコスト上昇分を「多少なりとも価格転嫁できている」と回答した企業は9割を超え引き続き高水準だった。実勢価格について「想定通り上昇し、その価格が維持している」と回答した企業は56%で前回調査を8ポイント上回った。

茨城県在住の40代の主婦は「全体的に物価は上がってきている。高い金額に慣れてきてしまうのかなとも思う」と話す。メーカーと消費者心理の難しい駆け引きは続く。　　　　　　　　　　　　　（2023年12月2日　日本経済新聞）

マルコメなど、日本大豆ミート協会設立　市場拡大目指す

味噌製造大手のマルコメなど5社は24日、東京都内で「日本大豆ミート協会」の設立記者会見を開いた。大豆を原料に味や食感を肉に近づけた食品の普及を担う。2022年に制定された大豆ミートの日本農林規格（JAS）の見直しなど、業界のルール作りも進める。

同協会は9月1日設立で、マルコメのほか大豆ミート食品を販売するスターゼン、伊藤ハム米久ホールディングス、日本ハム、大塚食品が加盟する。会長はマルコメの青木時男社長、副会長はスターゼンの横田和彦社長が務める。

5社は大豆ミートのJAS規格制定で中心的な役割を担った。JAS規格は5年ごとに見直ししており、27年に向けて内容を精査する。事務局は「今後は多

くの企業の加盟を募りたい」としている。

健康志向の高まりや、人口増加にともなう世界的なたんぱく質不足への懸念から、植物由来の「プラントベースフード」への関心は世界的に高まっている。畜肉に比べて生産過程での環境負荷が低い大豆ミートは新たなたんぱく源として注目される。

日本能率協会の調査によると、19年度に15億円だった大豆ミートの国内市場規模は25年度には40億円になる見通しだ。それでも海外に比べればプラントベースフードの認知度は低い。青木時男会長は「加盟企業が一体となって商品の普及や市場拡大を図り、業界全体の発展を目指す」と話した。

（2023年10月24日　日本経済新聞）

農林水産品の輸出額最高　23年上半期7144億円

農林水産省は4日、2023年上半期（1~6月）の農林水産物・食品の輸出額が前年同期比9.6%増の7144億円となり、過去最高を更新したと発表した。上半期として7000億円を超えるのは初めてだ。

新型コロナウイルスの感染拡大に伴う行動制限の解除に加え、足元の円安で中国や台湾などアジアを中心に輸出額が伸びた。

内訳では農産物が4326億円、水産物が2057億円、林産物が307億円だった。1品目20万円以下の少額貨物は454億円だった。

品目別では清涼飲料水が前年同期比24%増の272億円となった。東南アジアを中心に単価の高い日本産の美容ドリンクなどの需要が高まったとみられる。真珠は129%増の223億円だった。香港で4年ぶりに宝石の国際見本市が開催され、日本産真珠の需要が伸びた。漁獲量の減少を受け、サバはエジプトなどアフリカやマレーシア、タイといった東南アジア向けの輸出が減り、49%減の57億円にとどまった。

林産物のうち製材は44%減の30億円だった。米国の住宅ローン金利の高止まりを受けて住宅市場が低迷し、需要が減った。

輸出先の国・地域別でみると中国が1394億円で最も多く、香港の1154億円が続いた。台湾や韓国などアジア地域は前年同期比で相次いで10%以上増加した。物価高が続く米国では日本酒といった高付加価値品が苦戦し、7.9%減の964億円となった。

政府は農産品の輸出額を25年までに2兆円、30年までに5兆円まで拡大する

目標を掲げる。農水省によると、25年の目標達成には毎年12％程度の増加率を満たす必要がある。

22年には改正輸出促進法が施行し、輸出に取り組む「品目団体」を業界ごとに国が認定する制度が始まった。販路開拓や市場調査、海外市場に応じた規格策定などを支援している。

下半期には輸出減速のおそれもある。中国や香港が東京電力福島第1原子力発電所の処理水の海洋放出の方針に反発し、日本からの輸入規制の強化を打ち出しているためだ。日本産の水産物が税関で留め置かれる事例も発生している。

（2023年8月4日　日本経済新聞）

猛暑で消費押し上げ　飲料やアイスなど販売1〜3割増

全国的な猛暑が個人消費を押し上げている。スーパーでは清涼飲料水やアイスなどの販売が前年比で1〜3割ほど伸びている。都内ホテルのプールの利用も堅調だ。値上げの浸透やインバウンド（訪日外国人客）の回復で景況感が改善している消費関連企業にとって、猛暑はさらなる追い風となっている。

気象庁は1日、7月の平均気温が平年を示す基準値（1991〜2020年の平均）を1.91度上回り、統計を開始した1898年以降で最も高くなったと発表した。8、9月も気温は全国的に平年よりも高く推移する見通しだ。

首都圏で食品スーパーを運営するいなげやでは、7月1〜26日の炭酸飲料の販売が前年同時期と比較して33％増えた。消費者が自宅での揚げ物調理を控えたため、総菜のコロッケの販売も同31％増と大きく伸びた。

食品スーパーのサミットでは7月のアイスクリームの売上高が前年同月から11％伸びた。コンビニエンスストアのローソンでは7月24〜30日の「冷しうどん」の販売が前年同期比6割増となった。

日用品や家電でも夏物商品の販売が好調だ。伊勢丹新宿本店（東京・新宿）では7月、サングラス（前年同月比69.9％増）や日焼け止めなど紫外線対策ができる化粧（同63.7％増）の販売が大きく伸長した。ヤマダデンキではエアコンと冷蔵庫の7月の販売が、新型コロナウイルス禍での巣ごもり需要と政府からの特別給付金の支給で家電の買い替えが進んだ20年の7月を上回るペースで伸びているという。

メーカーは増産に動く。キリンビールは主力のビール「一番搾り」の生産を8月に前年同月比1割増やす予定だ。サントリーも8月、ビールの生産を前年同

月比5割増やす。花王は猛暑を受けて涼感を得られる使い捨てタオル「ビオレ 冷タオル」の生産量を増やしている。

レジャー産業も猛暑の恩恵を受けている。品川プリンスホテル（東京・港）では、7月のプールの売上高は19年同月比で2.7倍となった。

個人消費の拡大につながるとされる猛暑だが、暑すぎることで販売が鈍る商品も出てきた。いなげやではチョコパンやジャムパンの販売が7月に前年から半減した。「猛暑だと甘いお菓子やパンの販売が落ちる」（同社）

菓子大手のロッテもチョコレートの販売が「7月は想定を下回った」という。一方、明治は夏向け商品として、定番のチョコレート菓子「きのこの山」のチョコレート部分がない「チョコぬいじゃった！きのこの山」を7月25日に発売した。計画を上回る売れ行きだという。

フマキラーによると、蚊の対策商品の7月24〜30日の販売が業界全体で前年同時期を3％下回った。「25〜30度が蚊の活動には適しているとされており、高温で蚊の活動が鈍っているとみられる」（同社）

第一生命経済研究所の永浜利広首席エコノミストの試算によると、7〜9月の平均気温が1度上昇すると約2900億円の個人消費の押し上げ効果が期待できるという。

消費関連企業の景況感を示す「日経消費DI」の7月の業況判断指数（DI）は、前回調査（4月）を11ポイント上回るプラス9となり1995年の調査開始以来の最高となった。今夏の猛暑が一段と消費を押し上げる可能性もある。

（2023年8月2日　日本経済新聞）

食品値上げ、大手から中堅企業に波及　店頭価格8.7％上昇

食品や日用品の店頭価格の上昇が続いている。POS（販売時点情報管理）データに基づく日次物価の前年比伸び率は6月28日時点で8.7％となった。昨年秋以降、業界大手を中心に価格改定に踏み切り、中堅企業などが追いかける「追随型値上げ」が多くの商品で広がっている。

デフレが長く続く日本では値上げで売り上げが落ち込むリスクが強く意識され、価格転嫁を避ける傾向があった。ウクライナ危機をきっかけに原材料高を商品価格に反映する動きが広がり、潮目が変わりつつある。

日経ナウキャスト日次物価指数から分析した。この指数はスーパーなどのPOSデータをもとにナウキャスト（東京・千代田）が毎日算出している。食品

や日用品の最新のインフレ動向をリアルタイムに把握できる特徴がある。

217品目のうち価格が上昇したのは199品目、低下は16品目だった。ロシアによるウクライナ侵攻が始まった2022年2月に価格が上昇していたのは130品目にとどまっていた。全体の前年比伸び率も当時は0.7％だった。

ヨーグルトの値段は22年夏までほぼ横ばいだったが、11月に6％上昇し、今年4月以降はその幅が10％となった。この2回のタイミングでは業界最大手の明治がまず値上げを発表し、森永乳業や雪印メグミルクなどが続いた。

その結果、江崎グリコなどシェアが高くないメーカーも値上げしやすい環境になり、業界に波及した。

冷凍総菜も昨年6月は4％程度の上昇率だったが、11月に9％まで加速し、23年6月は15％まで上がった。味の素冷凍食品が2月に出荷価格を上げたことが影響する。

ナウキャストの中山公汰氏は「値上げが大手だけでなく中堅メーカーに広がっている」と話す。

ナウキャストによると、値上げをしてもPOSでみた売上高は大きく落ちていないメーカーもみられる。インフレが定着しつつあり、値上げによる客離れがそこまで深刻化していない可能性がある。

品目の広がりも鮮明だ。ウクライナ侵攻が始まった直後は食用油が15％、マヨネーズが11％と、資源価格の影響を受けやすい商品が大きく上昇する傾向にあった。

23年6月は28日までの平均で生鮮卵が42％、ベビー食事用品が26％、水産缶詰が21％の上昇になるなど幅広い商品で2ケタの値上げがみられる。

日本は米欧に比べて価格転嫁が遅れ気味だと指摘されてきた。食品価格の上昇率を日米欧で比べると米国は昨年夏に10％強まで加速したが、足元は6％台に鈍化した。ユーロ圏は今年3月に17％台半ばまで高まり、5月は13％台に鈍った。

日本は昨夏が4％台半ば、昨年末は7％、今年5月に8％台半ばと、上げ幅が徐々に高まってきた。直近では瞬間的に米国を上回る伸び率になった。

帝国データバンクが主要食品企業を対象に調査したところ7月は3566品目で値上げが予定されている。昨年10月が7864件と多かったが、その後も幅広く価格改定の表明が続く。

昨年、一時的に10％を超えた企業物価指数は足元で5％台まで伸びが鈍化しており、資源高による川上価格の上昇は一服しつつある。

それでも昨年からの仕入れ価格上昇や足元の人件費増を十分に価格転嫁ができ

ているとは限らず、値上げに踏み切るメーカーは今後も出てくると予想される。日本のインフレも長引く様相が強まっている。

（2023年7月3日　日本経済新聞）

東京都、フードバンク寄付に助成　食品ロス対策を加速

東京都は食品ロスの削減に向けた対策を拡充する。フードバンク団体へ食品を寄付する際の輸送費の助成のほか、消費者向けの普及啓発のコンテンツも作成。商習慣などにより発生する食品ロスを減らし、廃棄ゼロに向けた取り組みを加速する。

2023年度から中小小売店が未利用食品をフードバンク活動団体に寄付する際の輸送費の助成を始める。今年度予算に関連費用1億円を計上した。フードバンクは食品の品質には問題がないが、賞味期限が近いなどの理由で通常の販売が困難な食品を福祉施設や生活困窮者へ無償提供する団体。都は企業などからフードバンクや子ども食堂に寄付する配送費の助成により、寄贈ルートの開拓につなげたい考えだ。

小売業界は鮮度を重視する消費者の需要に対応するため、メーカーが定める賞味期限の3分の1を過ぎるまでに納品する「3分の1ルール」が慣習となっている。メーカーや卸による納品期限を過ぎると賞味期限まで数カ月残っていても商品はメーカーなどに返品され、大半が廃棄されるため食品ロスの一因となっていた。

また、都は店舗における食品の手前取りの啓発事業なども始める。陳列棚の手前にある販売期限が近い商品を優先して購入してもらう。業種ごとに食品の廃棄実態の調査をし、消費者の行動変容を促すための普及啓発のコンテンツも作成する。関連経費として4千万円を予算に計上した。

東京都の食品ロス量は19年度で約44.5万トンと推計されており、00年度の約76万トンから年々減少傾向にある。都は00年度比で30年に食品ロス半減、50年に実質ゼロの目標を掲げており、2月に有識者らからなる会議で賞味期限前食品の廃棄ゼロ行動宣言を採択した。

独自のフードロス対策を進める自治体もある。台東区は4月、都内の自治体として初めて無人販売機「fuubo（フーボ）」を区役所に設置した。パッケージ変更などで市場に流通できなくなった商品を3〜9割引きで購入できる。賞味期限が近づくほど割引率が上がるシステムだ。区民に食品ロス削減の取り組みを

知ってもらい、実際の行動に移してもらう考えだ。

（2023年5月12日　日本経済新聞）

ビール系飲料販売22年2%増　業務用回復、アサヒ首位に

アサヒビールなどビール大手4社の2022年のビール系飲料国内販売数量は前年比2%増の約3億4000万ケースとなり、18年ぶりに前年を上回った。外食需要が回復し、飲食店向けが伸びた。業務用に強いアサヒが3年ぶりにシェア首位となった。新型コロナウイルス禍前の19年比では市場全体で1割減少しており、各社とも23年10月に減税となるビールに力を入れる。

各社が13日までに発表した22年の販売実績などを基に推計した。飲食店向けなど業務用の22年の販売数量は前年比4割増えた。21年に緊急事態宣言下などでの酒類販売の制限で落ち込んだ反動に加えて、外食需要の回復が寄与した。一方、家庭向けは3%減った。コロナ禍から回復し外食需要が戻ったことで「家飲み」の機会が減少した。ジャンル別ではビールが14%増、発泡酒が4%減、第三のビールは7%減だった。

10月には各社が家庭用では14年ぶりとなる値上げを実施した。第三のビールを中心に駆け込み需要が発生した。第三のビールはその反動もあり、減少傾向には歯止めがかからなかった。

家飲みから外食へ消費が移り、家庭用に強いキリンビールがシェアを落とす一方、業務用で高いシェアを持つアサヒは販売を増やした。ビール系飲料全体のシェアはアサヒが36.5%となり、35.7%のキリンを逆転した。

18年ぶりにプラスとなったものの、長期的にみると、市場の縮小傾向は変わらない。キリンビールの堀口英樹社長は22年のビール市場を「コロナで落ち込んだ業務用の回復が大きい」と分析する。その業務用も19年比では4割近く減っている。

23年はビール系飲料全体の販売数量が最大で3〜4%減少する見通し。10月の酒税改正で増税となる第三のビールの落ち込みや、物価の高騰による消費の低迷を見込む。

（2023年1月13日　日本経済新聞）

▶ 労働環境

職種：法人営業　　年齢・性別：30代前半・男性

・明るく前向きで，仕事に対して非常にまじめな方が多いです。
・助け合いの精神が，社風から自然に培われているように感じます。
・上司の事も『さん』付けで呼ぶなど，上層部との距離が近いです。
・ピンチになった時など，先輩方がきちんとフォローしてくれます。

職種：製品開発（食品・化粧品）　　年齢・性別：20代後半・男性

・やる人のモチベーションによって正当な評価をしてくれます。
・新人にこんな重要な仕事を任せるのかと不安になることもあります。
・大きな仕事を乗り越えた後には，自分が成長したことを実感します。
・自分を売り込んでガンガン活躍したい人には良い環境だと思います。

職種：法人営業　　年齢・性別：20代後半・男性

・昇給制度や評価制度は，残念ながら充実しているとは言えません。
・頑張りによって給料が上がるわけではなく，年功序列型のため，特に20代の若いうちは，みんな横並びで物足りないかもしれません。
・今は課長職が飽和状態なので，昇進には時間がかかります。

職種：代理店営業　　年齢・性別：20代前半・男性

・この規模の企業としては，給与は非常に良いと思います。
・年功序列が根強く残っており，確実に基本給与は上がっていきます。
・賞与については上司の評価により変動するので，何とも言えません。
・最近は中途採用も増えてきましたが，差別なく評価してもらえます。

▶福利厚生

職種：法人営業　　年齢・性別：20代後半・男性

・福利厚生はかなり充実していて，さすが大企業という感じです。
・宿泊ホテルの割引きや，スポーツジムも使えるのでとても便利。
・残業については，あったりなかったり，支社によってバラバラです。
・売り上げなどあまり厳しく言われないので気持ちよく働けます。

職種：生産技術・生産管理（食品・化粧品）　　年齢・性別：20代後半・男性

・留学制度などがあるので，自分のやる気次第で知識を得られます。
・食品衛生など安全面の知識を学習する機会もきちんとあります。
・研修制度は整っているのでそれをいかに活用できるかだと思います。
・意欲を持って取り組めばどんどん成長できる環境にあると思います。

職種：ルートセールス・代理店営業　　年齢・性別：20代後半・男性

・休暇は比較的取りやすく，有給休暇の消化も奨励されています。
・住宅補助は手厚く，40代になるまで社宅住まいの人も多くいます。
・社内応募制度もありますが，どこまで機能しているのかは不明です。
・出産育児支援も手厚く，復帰してくる女性社員も見かけます。

職種：技術関連職　　年齢・性別：20代前半・男性

・福利厚生については，上場企業の中でも良い方だと思います。
・独身寮もあり，社食もあるため生活費はだいぶ安くすみます。
・結婚や30歳を過ぎると寮を出ることになりますが家賃補助が出ます。
・残業は1分でも過ぎたらつけてもよく，きちんと支払われます。

▶ 仕事のやりがい

職種：法人営業　　年齢・性別：30代前半・男性
・ 自社ブランドの製品に愛着があり，それがやりがいになっています。
　食品という競合他社の多い商品を扱う難しさはありますが。
・ 消費者にどう商品を届けるかを考えるのは大変ですが楽しいです。
・ 得意先と共通の目的をもって戦略を練るのも非常に面白く感じます。

職種：法人営業　　年齢・性別：30代前半・男性
・ 自社製品が好きで自分の興味と仕事が一致しているので面白いです。
・ スーパーなど流通小売の本部への営業はとてもやりがいがあります
　が，販売のボリュームも大きく，数字に対しての責任も感じています。
・ 競合に負けないようモチベーションを保ち，日々活動しています。

職種：技能工（整備・メカニック）　　年齢・性別：20代後半・男性
・ 若い時から大きな仕事を1人で任されることがあり非常に刺激的。
・ 大きな仕事をやりきると，その後の会社人生にプラスになります。
・ やはり本社勤務が出世の近道のようです。
・ シェアをどう伸ばすかを考えるのも大変ですがやりがいがあります。

職種：個人営業　　年齢・性別：20代後半・女性
・ 仕事の面白みは，手がけた商品を世の中に提供できるという点です。
・ 商品を手に取るお客さんの姿を見るのは非常に嬉しく思います。
・ 商品企画に携わることができ，日々やりがいを感じています。
・ シェアが業界的に飽和状態なのでより良い商品を目指し奮闘中です。

▶ ブラック？ホワイト？

職種：研究開発　　年齢・性別：40代後半・男性

- 最近は課長に昇進する女性が増え，部長になる方も出てきました。
- 女性の場合は独身か，子供がいない既婚者は出世をしています。
- 育児休暇を取る人はやはり出世は遅れてしまうようです。
- 本当に男女平等になっているかどうかは何ともいえません。

職種：営業関連職　　年齢・性別：20代後半・男性

- ワークライフバランスについてはあまり良くありません。
- 一応週休2日制としていますが，実際には週に1日休めれば良い方。
- 基本的に残業体質のため，日付が変わる時間まで残業する部署も。
- 長期の休みは新婚旅行と永年勤続表彰での旅行以外では取れません。

職種：法人営業　　年齢・性別：20代前半・女性

- 総合職で大卒の女性社員が非常に少ないです。
- 拘束時間の長さ，産休などの制度が不確立なためかと思います。
- 業界全体に，未だに男性優位な風潮が見られるのも問題かと。
- 社風に関しても時代の変化に対応しようとする動きは見られません。

職種：営業関連職　　年齢・性別：20代後半・男性

- 寮費は安く水道光熱費も免除ですが，2～4人部屋です。
- 寮にいる限り完全にプライベートな時間というのは難しいです。
- 食事に関しては工場内に食堂があるので，とても安く食べられます。
- 社員旅行はほぼ強制参加で，旅費は給与天引きの場合もあります。

▶ 女性の働きやすさ

職種：ソフトウェア関連職　　年齢・性別：40代前半・男性

・女性の管理職も多く，役員まで上り詰めた方もいます。
・特に女性だから働きにくい，という社風もないと思います。
・男性と同じように評価もされ，多様な働き方を選ぶことができて，多くの女性にとっては働きやすく魅力的な職場といえると思います。

職種：法人営業　　年齢・性別：20代後半・男性

・社員に非常に優しい会社なので，とても働きやすいです。
・女性には優しく，育休後に復帰しにくいということもありません。
・出産後の時短勤務も可能ですし，男性社員の理解もあります。
・会社として女性管理職を増やす取り組みに力を入れているようです。

職種：研究開発　　年齢・性別：40代前半・男性

・課長くらいまでの昇進なら，男女差はあまりないようです。
・部長以上になると女性は極めて少ないですが，ゼロではありません。
・女性の場合，時短や育児休暇，介護休暇等の制度利用者は多いです。
・育休や介護休暇が昇進にどう影響するかは明確ではありません。

職種：研究・前臨床研究　　年齢・性別：30代前半・男性

・「男性と変わらず管理職を目指せます！」とはいい難い職場です。
・産休などは充実していますが，体育会系の男性の職場という雰囲気。
・管理職でなければ，女性で活躍しておられる方は多くいます。
・もしかすると5年後には状況は変わっているかもしれません。

▶ 今後の展望

職種：営業　　年齢・性別：20代後半・男性
- 今後の事業の流れとしては，海外進出と健康関連事業がカギかと。
- 東南アジアでは日本の成功事例を元に売上の拡大が続いています。
- 世界各国でのＭ＆Ａの推進による売上規模の拡大も期待できます。
- 新市場開拓としては，アフリカや中南米に力を入れていくようです。

職種：営業　　年齢・性別：20代後半・女性
- 原材料の高騰など国内事業は厳しさを増しています。
- 海外事業の展開も現状芳しくなく，今後の見通しは良くないです。
- 新商品やマーケティングではスピードが求められています。
- 近年は農業部門に力を入れており，評価の高さが今後の強みかと。

職種：製造　　年齢・性別：20代後半・男性
- 国内でパイを争っており，海外での売上が見えません。
- 他のメーカーに比べ海外展開が弱く，かなり遅れをとっています。
- 国内市場は縮小傾向にあるため，海外展開が弱いのは厳しいかと。
- 今後は海外戦略へ向け，社員教育の充実が必要だと思います。

職種：営業　　年齢・性別：20代後半・女性
- 家庭用商品には強いですが，外食，中食業界での競争力が弱いです
- 今後は，業務用，高齢者や少人数家族向け商品を強化する方針です。
- 健康食品分野や通信販売等へも，積極的に取り組むようです。
- アジア市場の開拓を中心とした，海外事業の展開が進んでいます。

食品・飲料業界　国内企業リスト（一部抜粋）

区別	会社名	本社住所
食料品（東証一部）	日本製粉株式会社	東京都渋谷区千駄ヶ谷 5-27-5
	株式会社 日清製粉グループ本社	東京都千代田区神田錦町一丁目 25 番地
	日東富士製粉株式会社	東京都中央区新川一丁目 3 番 17 号
	昭和産業株式会社	東京都千代田区内神田 2 丁目 2 番 1 号 （鎌倉河岸ビル）
	鳥越製粉株式会社	福岡市博多区比恵町 5-1
	協同飼料株式会社	神奈川県横浜市西区高島 2-5-12 横浜 DK ビル
	中部飼料株式会社	愛知県知多市北浜町 14 番地 6
	日本配合飼料株式会社	横浜市神奈川区守屋町 3 丁目 9 番地 13 TVP ビルディング
	東洋精糖株式会社	東京都中央区日本橋小網町 18 番 20 号 洋糖ビル
	日本甜菜製糖株式会社	東京都港区三田三丁目 12 番 14 号
	三井製糖株式会社	東京都中央区日本橋箱崎町 36 番 2 号 （リバーサイド読売ビル）
	森永製菓株式会社	東京都港区芝 5-33-1
	株式会社中村屋	東京都新宿区新宿三丁目 26 番 13 号
	江崎グリコ株式会社	大阪府大阪市西淀川区歌島 4 丁目 6 番 5 号
	名糖産業株式会社	愛知県名古屋市西区笹塚町二丁目 41 番地
	株式会社不二家	東京都文京区大塚 2-15-6
	山崎製パン株式会社	東京都千代田区岩本町 3-10-1
	第一屋製パン株式会社	東京都小平市小川東町 3 丁目 6 番 1 号
	モロゾフ株式会社	神戸市東灘区向洋町西五丁目 3 番地
	亀田製菓株式会社	新潟県新潟市江南区亀田工業団地 3-1-1
	カルビー株式会社	東京都千代田区丸の内 1-8-3 丸の内トラストタワー本館 22 階

区別	会社名	本社住所
食料品（東証一部）	森永乳業株式会社	東京都港区芝五丁目 33 番 1 号
	六甲バター株式会社	神戸市中央区坂口通一丁目 3 番 13 号
	株式会社ヤクルト本社	東京都港区東新橋 1 丁目 1 番 19 号
	明治ホールディングス株式会社	東京都中央区京橋二丁目 4 番 16 号
	雪印メグミルク株式会社	北海道札幌市東区苗穂町 6 丁目 1 番 1 号
	プリマハム株式会社	東京都品川区東品川 4 丁目 12 番 2 号 品川シーサイドウエストタワー
	日本ハム株式会社	大阪市北区梅田二丁目 4 番 9 号 ブリーゼタワー
	伊藤ハム株式会社	兵庫県西宮市高畑町 4 − 27
	林兼産業株式会社	山口県下関市大和町二丁目 4 番 8 号
	丸大食品株式会社	大阪府高槻市緑町 21 番 3 号
	米久株式会社	静岡県沼津市岡宮寺林 1259 番地
	エスフーズ株式会社	兵庫県西宮市鳴尾浜 1 丁目 22 番 13
	サッポロホールディングス株式会社	東京都渋谷区恵比寿四丁目 20 番 1 号
	アサヒグループホールディングス株式会社	東京都墨田区吾妻橋 1-23-1
	キリンホールディングス株式会社	東京都中野区中野 4-10-2 中野セントラルパークサウス
	宝ホールディングス株式会社	京都市下京区四条通烏丸東入長刀鉾町 20 番地
	オエノンホールディングス株式会社	東京都中央区銀座 6-2-10
	養命酒製造株式会社	東京都渋谷区南平台町 16-25
	コカ・コーラウエスト株式会社	福岡市東区箱崎七丁目 9 番 66 号
	コカ・コーライーストジャパン株式会社	東京都港区芝浦 1 丁目 2 番 3 号 シーバンス S 館

区別	会社名	本社住所
食料品（東証一部）	サントリー食品インターナショナル株式会社	東京都中央区京橋三丁目 1-1 東京スクエアガーデン 9・10 階
	ダイドードリンコ株式会社	大阪市北区中之島二丁目 2 番 7 号
	株式会社伊藤園	東京都渋谷区本町 3 丁目 47 番 10 号
	キーコーヒー株式会社	東京都港区西新橋 2-34-4
	株式会社ユニカフェ	東京都港区新橋六丁目 1 番 11 号
	ジャパンフーズ株式会社	千葉県長生郡長柄町皿木 203 番地 1
	日清オイリオグループ株式会社	東京都中央区新川一丁目 23 番 1 号
	不二製油株式会社	大阪府泉佐野市住吉町 1 番地
	かどや製油株式会社	東京都品川区西五反田 8-2-8
	株式会社 J- オイルミルズ	東京都中央区明石町 8 番 1 号 聖路加タワー 17F ～ 19F
	キッコーマン株式会社	千葉県野田市野田 250
	味の素株式会社	東京都中央区京橋一丁目 15 番 1 号
	キユーピー株式会社	東京都渋谷区渋谷 1-4-13
	ハウス食品グループ本社株式会社	東京都千代田区紀尾井町 6 番 3 号
	カゴメ株式会社	愛知県名古屋市中区錦 3 丁目 14 番 15 号
	焼津水産化学工業株式会社	静岡県焼津市小川新町 5 丁目 8-13
	アリアケジャパン株式会社	東京都渋谷区恵比寿南 3-2-17
	株式会社ニチレイ	東京都中央区築地六丁目 19 番 20 号 ニチレイ東銀座ビル
	東洋水産株式会社	東京都港区港南 2 丁目 13 番 40 号
	日清食品ホールディングス株式会社	東京都新宿区新宿六丁目 28 番 1 号
	株式会社永谷園	東京都港区西新橋 2 丁目 36 番 1 号
	フジッコ株式会社	神戸市中央区港島中町 6 丁目 13 番地 4

区別	会社名	本社住所
食料品（東証一部）	株式会社ロック・フィールド	神戸市東灘区魚崎浜町 15 番地 2
	日本たばこ産業株式会社	東京都港区虎ノ門 2-2-1
	ケンコーマヨネーズ株式会社	兵庫県神戸市灘区都通 3 丁目 3 番 16 号
	わらべや日洋株式会社	東京都小平市小川東町 5-7-10
	株式会社なとり	東京都北区王子 5 丁目 5 番 1 号
	ミヨシ油脂株式会社	東京都葛飾区堀切 4-66-1
水産・農林業	株式会社 極洋	東京都港区赤坂三丁目 3 番 5 号
	日本水産株式会社	東京都千代田区大手町 2-6-2（日本ビル 10 階）
	株式会社マルハニチロホールディングス	東京都江東区豊洲三丁目 2 番 20 号 豊洲フロント
	株式会社 サカタのタネ	横浜市都筑区仲町台 2-7-1
	ホクト株式会社	長野県長野市南堀 138-1
食料品（東証二部）	東福製粉株式会社	福岡県福岡市中央区那の津 4 丁目 9 番 20 号
	株式会社増田製粉所	神戸市長田区梅ケ香町 1 丁目 1 番 10 号
	日和産業株式会社	神戸市東灘区住吉浜町 19-5
	塩水港精糖株式会社	東京都中央区日本橋堀留町 2 丁目 9 番 6 号 ニュー ESR ビル
	フジ日本精糖株式会社	東京都中央区日本橋茅場町 1-4-9
	日新製糖株式会社	東京都中央区日本橋小網町 14-1 住生日本橋小網町ビル
	株式会社ブルボン	新潟県柏崎市松波 4 丁目 2 番 14 号
	井村屋グループ株式会社	三重県津市高茶屋七丁目 1 番 1 号
	カンロ株式会社	東京都中野区新井 2 丁目 10 番 11 号
	寿スピリッツ株式会社	鳥取県米子市旗ケ崎 2028 番地
	福留ハム株式会社	広島市西区草津港二丁目 6 番 75 号

区別	会社名	本社住所
食料品（東証二部）	ジャパン・フード＆リカー・アライアンス株式会社	香川県小豆郡小豆島町苗羽甲 1850 番地
	北海道コカ・コーラボトリング株式会社	札幌市清田区清田一条一丁目 2 番 1 号
	ボーソー油脂株式会社	東京都中央区日本橋本石町四丁目 5-12
	攝津製油株式会社	大阪府堺市西区築港新町一丁 5 番地 10
	ブルドックソース株式会社	東京都中央区日本橋兜町 11-5
	エスビー食品株式会社	東京都中央区日本橋兜町 18 番 6 号
	ユタカフーズ株式会社	愛知県知多郡武豊町字川脇 34 番地の 1
	株式会社 ダイショー	東京都墨田区亀沢 1 丁目 17-3
	株式会社ピエトロ	福岡市中央区天神 3-4-5
	アヲハタ株式会社	広島県竹原市忠海中町一丁目 1 番 25 号
	はごろもフーズ株式会社	静岡県静岡市清水区島崎町 151
	株式会社セイヒョー	新潟市北区島見町 2434 番地 10
	イートアンド株式会社	東京都港区虎ノ門 4 丁目 3 番 1 号 城山トラストタワー 18 階
	日本食品化工株式会社	東京都千代田区丸の内一丁目 6 番 5 号 丸の内北口ビル 20 階
	石井食品株式会社	千葉県船橋市本町 2-7-17
	シノブフーズ株式会社	大阪市西淀川区竹島 2 丁目 3 番 18 号
	株式会社あじかん	広島市西区商工センター七丁目 3 番 9 号
	旭松食品株式会社	長野県飯田市駄科 1008
	サトウ食品工業株式会社	新潟県新潟市東区宝町 13 番 5 号
	イフジ産業株式会社	福岡県糟屋郡粕屋町大字戸原 200-1
	理研ビタミン株式会社	東京都千代田区三崎町 2-9-18 TDC ビル 11・12 階

第**3**章

就職活動のはじめかた

入りたい会社は決まった。しかし「就職活動とはそもそも何をしていいのかわからない」「どんな流れで進むかわからない」という声は意外と多い。ここでは就職活動の一般的な流れや内容，対策について解説していく。

▶就職活動のスケジュール

3月	**4**月	**6**月

就職活動スタート

> 2025年卒の就活スケジュールは,経団連と政府を中心に議論され,2024年卒の採用選考スケジュールから概ね変更なしとされている。

エントリー受付・提出

OB・OG訪問

> 企業の説明会には積極的に参加しよう。独自の企業研究だけでは見えてこなかった新たな情報を得る機会であるとともに,モチベーションアップにもつながる。また,説明会に参加した者だけに配布する資料などもある。

合同企業説明会　**個別企業説明会**

筆記試験・面接試験等始まる（3月〜）

内々定（大手企業）

2月末までにやっておきたいこと

就職活動が本格化する前に,以下のことに取り組んでおこう。
- ◎自己分析　◎インターンシップ　◎筆記試験対策
- ◎業界研究・企業研究　◎学内就職ガイダンス

自分が本当にやりたいことはなにか,自分の能力を最大限に活かせる会社はどこか。自己分析と企業研究を重ね,それを文章などにして明確にしておき,面接時に最大限に活用できるようにしておこう。

7月　8月　10月

中小企業採用本格化

内定者の数が採用予定数に満たない企業，1年を通して採用を継続している企業，夏休み以降に採用活動を実施企業（後期採用）は採用活動を継続して行っている。大企業でも後期採用を行っていることもあるので，企業から内定が出ても，納得がいかなければ継続して就職活動を行うこともある。

中小企業の採用が本格化するのは大手企業より少し遅いこの時期から。HPなどで採用情報をつかむとともに，企業研究も怠らないようにしよう。

内々定とは10月1日以前に通知（電話等）されるもの。内定に関しては現在協定があり，10月1日以降に文書等にて通知される。

内々定（中小企業）　内定式（10月〜）

どんな人物が求められる？

多くの企業は，常識やコミュニケーション能力があり，社会のできごとに高い関心を持っている人物を求めている。これは「会社の一員として将来の企業発展に寄与してくれるか」という視点に基づく，もっとも普遍的な選考基準だ。もちろん，「自社の志望を真剣に考えているか」「自社の製品，サービスにどれだけの関心を向けているか」という熱意の部分も重要な要素になる。

理論編

就活ロールプレイ！

就職活動のスタート

内定までの道のりは，大きく分けると以下のようになる。

自 己 分 析

↓

企 業 研 究

↓

エントリーシート・筆記試験・面接

↓

内 定

01 まず自己分析からスタート

　就職活動とは，「企業に自分をPRすること」。自分自身の興味，価値観に加えて，強み・能力という要素が加わって，初めて企業側に「自分が働いたら，こういうポイントで貢献できる」と自分自身を売り込むことができるようになる。

■自分の来た道を振り返る

　自己分析をするための第一歩は，「振り返ってみる」こと。

　小学校，中学校など自分のいた“場”ごとに何をしたか（部活動など），何を学んだか，交友関係はどうだったか，興味のあったこと，覚えている印象的なことを書き出してみよう。

■テストを受けてみる

　“自分では気がついていない能力”を客観的に検査してもらうことで，自分に向いている職種が見えてくる。下記の5種類が代表的なものだ。

①職業適性検査　　②知能検査　　③性格検査

④職業興味検査　　⑤創造性検査

■先輩や専門家に相談してみる

　就職活動をするうえでは，"いかに他人に自分のことをわかってもらうか"が重要なポイント。他者の視点で自分を分析してもらうことで，より客観的な視点で自己PRができるようになる。

自己分析の流れ

❑過去の経験を書いてみる

❑現在の自己イメージを明確にする…行動，考え方，好きなものなど。

❑他人から見た自分を明確にする

❑将来の自分を明確にしてみる…どのような生活をおくっていたいか。期待，夢，願望。なりたい自分はどういうものか，掘り下げて考える。→自己分析結果を，志望動機につなげていく。

01 企業の絞り込み

　志望企業の絞り込みについての考え方は大きく分けて2つある。

　第1は，同一業種の中で1次候補，2次候補……と絞り込んでいく方法。

　第2は，業種を1次，2次，3次候補と変えながら，それぞれに2社程度ずつ絞り込んでいく方法。

　第1の方法では，志望する同一業種の中で，一流企業，中堅企業，中小企業，縁故などがある歯止めの会社……というふうに絞り込んでいく。

　第2の方法では，自分が最も望んでいる業種，将来好きになれそうな業種，発展性のある業種，安定性のある業種，現在好況な業種……というふうに区別して，それぞれに適当な会社を絞り込んでいく。

02 情報の収集場所

・キャリアセンター

・新聞

・インターネット

・企業情報

『就職四季報』（東洋経済新報社刊），『日経会社情報』（日本経済新聞社刊）などの企業情報。この種の資料は本来"株式市場"についての資料だが，その時期の景気動向を含めた情報を仕入れることができる。

・経済雑誌

『ダイヤモンド』（ダイヤモンド社刊）や『東洋経済』（東洋経済新報社刊），『エコノミスト』（毎日新聞出版刊）など。

・OB・OG／社会人

03 志望企業をチェック

①成長力

まず"売上高"。次に資本力の問題や利益率などの比率。いくら資本金があっても，それを上回る膨大な借金を抱えていて，いくら稼いでも利払いに追われまくるようでは，成長できないし，安定できない。

成長力を見るには自己資本率を割り出してみる。自己資本を総資本で割って100を掛けると自己資本率がパーセントで出てくる。自己資本の比率が高いほうが成長力もあり安定度も高い。

利益率は純利益を売上高で割って100を掛ける。利益率が高ければ，企業はどんどん成長するし，社員の待遇も上昇する。利益率が低いということは，仕事がどんなに忙しくても利益にはつながらないということになる。

②技術力

技術力は，短期的な見方と長期的な展望が必要になってくる。研究部門が適切な規模か，大学など企業外の研究部門との連絡があるか，先端技術の分野で開発を続けているかどうかなど。

③経営者と経営形態

会社が将来，どのような発展をするか，または衰退するかは経営者の経営哲学，経営方針によるところが大きい。社長の経歴を知ることも必要。創始者の息子，孫といった親族が社長をしているのか，サラリーマン社長か，官庁などからの天下りかということも大切なチェックポイント。

④社風

社風というのは先輩社員から後輩社員に伝えられ，教えられるもの。社風もいろいろな面から必ずチェックしよう。

⑤安定性

企業が成長しているか，安定しているかということは車の両輪。どちらか片方の回転が遅くなっても企業はバランスを失う。安定し，しかも成長する。これが企業として最も理想とするところ。

⑥待遇

初任給だけを考えてみても，それが手取りなのか，基本給なのか。基本給というのはボーナスから退職金，定期昇給の金額にまで響いてくる。また，待遇というのは給与ばかりではなく，福利厚生施設でも大きな差が出てくる。

■そのほかの会社比較の基準

1. ゆとり度

休暇制度は，企業によって独自のものを設定しているところもある。「長期休暇制度」といったものなどの制定状況と，また実際に取得できているかどうかも調べたい。

2. 独身寮や住宅設備

最近では，社宅は廃止し，住宅手当を多く出すという流れもある。寮や社宅についての福利厚生は調べておく。

3. オフィス環境

会社に根づいた慣習や社員に対する考え方が，意外にオフィスの設備やレイアウトに表れている場合がある。

たとえば，個人の専有スペースの広さや区切り方，パソコンなどOA機器の設置状況，上司と部下の机の配置など，会社によってずいぶん違うもの。玄関ロビーや受付の様子を観察するだけでも，会社ごとのカラーや特徴がどこかに見えてくる。

4. 勤務地

転勤はイヤ，どうしても特定の地域で生活していきたい。そんな声に応えて，最近は流通業などを中心に，勤務地限定の雇用制度を取り入れる企業も増えている。

---

column　初任給では分からない本当の給与

会社の給与水準には「初任給」「平均給与」「平均ボーナス」「モデル給与」など，判断材料となるいくつかのデータがある。これらのデータからその会社の給料の優劣を判断するのは非常に難しい。

たとえば中小企業の中には，初任給が飛び抜けて高い会社がときどきある。しかしその後の昇給率は大きくないのがほとんど。

一方，大手企業の初任給は業種間や企業間の差が小さく，ほとんど横並びと言っていい。そこで，「平均給与」や「平均ボーナス」などで将来の予測をするわけだが，これは一応の目安とはなるが，個人差があるので正確とは言えない。

---

04 就職ノートの作成

■決定版「就職ノート」はこう作る

　1冊にすべて書き込みたいという人には，ルーズリーフ形式のノートがお勧め。会社研究，スケジュール，時事用語，OB／OG訪問，切り抜きなどの項目を作りインデックスをつける。

　カレンダー，説明会，試験などのスケジュール表を貼り，とくに会社別の説明会，面談，書類提出，試験の日程がひと目で分かる表なども作っておく。そして見開き2ページで1社を載せ，左ページに企業研究，右ページには志望理由，自己PRなどを整理する。

就職ノートの主なチェック項目

❏企業研究…資本金，業務内容，従業員数など基礎的な会社概要から，過去の採用状況，業務報告などのデータ

❏採用試験メモ…日程，条件，提出書類，採用方法，試験の傾向など

❏店舗・営業所見学メモ…流通関係，銀行などの場合は，客として訪問し，商品（値段，使用価値，ユーザーへの配慮），店員（接客態度，商品知識，熱意，親切度），店舗（ショーケース，陳列の工夫，店内の清潔さ）などの面をチェック

❏OB／OG訪問メモ…OB／OGの名前，連絡先，訪問日時，面談場所，質疑応答のポイント，印象など

❏会社訪問メモ…連絡先，人事担当者名，会社までの交通機関，最寄り駅からの地図，訪問のときに得た情報や印象，訪問にいたるまでの経過も記入

　「OB／OG訪問」は，実際は採用予備選考開始。まず，OB／OG訪問を希望したら，大学のキャリアセンター，教授などの紹介で，志望企業に勤める先輩の手がかりをつかむ。もちろん直接電話なり手紙で，自分の意向を会社側に伝えてもいい。自分の在籍大学，学部をはっきり言って，「先輩を紹介していただけないでしょうか」と依頼しよう。

参考 ▶ **OB／OG訪問時の質問リスト例**

●**採用について**
- ・成績と面接の比重
- ・採用までのプロセス（日程）
- ・面接は何回あるか
- ・面接で質問される事項　etc.
- ・評価のポイント
- ・筆記試験の傾向と対策
- ・コネの効力はどうか

●**仕事について**
- ・内容（入社10年, 20年のOB/OG）
- ・希望職種につけるのか
- ・残業，休日出勤，出張など
- ・新入社員の仕事
- ・やりがいはどうか
- ・同業他社と比較してどうか　etc.

●**社風について**
- ・社内のムード
- ・仕事のさせ方　etc.
- ・上司や同僚との関係

●**待遇について**
- ・給与について
- ・昇進のスピード
- ・福利厚生の状態
- ・離職率について　etc.

06 インターンシップ

　インターンシップとは，学生向けに企業が用意している「就業体験」プログラム。ここで学生はさまざまな企業の実態をより深く知ることができ，その後の就職活動において自己分析，業界研究，職種選びなどに活かすことができる。また企業側にとっても有能な学生を発掘できるというメリットがあるため，導入する企業は増えている。

　インターンシップ参加が採用につながっているケースもあるため，たくさん参加してみよう。

---

column　コネを利用するのも１つの手段？

コネを活用できるのは，以下のような場合である。

・企業と大学に何らかの「連絡」がある場合

　企業の新卒採用の場合，特定校・指定校が決められていることもある。企業側が過去の実績などに基づいて決めており，大学の力が大きくものをいう。

　とくに理工系では，指導教授や研究室と企業との連絡が密接な場合が多く，教授の推薦が有利であることは言うまでもない。同じ大学出身の先輩とのコネも，この部類に区分できる。

・志望企業と「関係」ある人と関係がある場合

　一般的に言えば，志望企業の取り引き先関係からの紹介というのが一番多い。ただし，年間億単位の実績が必要で，しかも部長・役員以上につながっていなければコネがあるとは言えない。

・志望企業と何らかの「親しい関係」がある場合

　志望企業に勤務したりアルバイトをしていたことがあるという場合。インターンシップもここに分類される。職場にも馴染みがあり人間関係もできているので，就職に際してきわめて有利。

・志望会社に関係する人と「縁故」がある場合

　縁故を「血縁関係」とした場合，日本企業ではこのコネはかなり有効なところもある。ただし，血縁者が同じ会社にいるというのは不都合なことも多いので，どの企業も慎重。

07 会社説明会のチェックポイント

1. 受付の様子

　受付事務がテキパキとしていて，分かりやすいかどうか。社員の態度が親切で誠意が伝わってくるかどうか。

　こういった受付の様子からでも，その会社の社員教育の程度や，新入社員採用に対する熱意とか期待を推し測ることができる。

2. 控え室の様子

　控え室が2カ所以上あって，国立大学と私立大学の訪問者とが，別々に案内されているようなことはないか。また，面談の順番を意図的に変えているようなことはないか。これはよくある例で，すでに大半は内定しているということを意味する場合が多い。

3. 社内の雰囲気

　社員の話し方，その内容を耳にはさむだけでも，社風が伝わってくる。

4. 面談の様子

　何時間も待たせたあげくに，きわめて事務的に，しかも投げやりな質問しかしないような採用担当者である場合，この会社は人事が適正に行われていないということだから，一考したほうがよい。

参考 ▶ 説明会での質問項目

・質問内容が抽象的でなく，具体性のあるものかどうか。

・質問内容は，現在の社会・経済・政治などの情況を踏まえた，
　大学生らしい高度で専門性のあるものか。

・質問をするのはいいが，「それでは，あなたの意見はどうか」と
　逆に聞かれたとき，自分なりの見解が述べられるものであるか。

　提出する書類は6種類。①〜③が大学に申請する書類，④〜⑥が自分で書く書類だ。大学に申請する書類は一度に何枚も入手しておこう。

①「卒業見込証明書」

②「成績証明書」

③「健康診断書」

④「履歴書」

⑤「エントリーシート」

⑥「会社説明会アンケート」

■自分で書く書類は「自己PR」

　第1次面接に進めるか否かは「自分で書く書類」の出来にかかっている。「履歴書」と「エントリーシート」は会社説明会に行く前に準備しておくもの。「会社説明会アンケート」は説明会の際に書き，その場で提出する書類だ。

01　履歴書とエントリーシートの違い

　Webエントリーを受け付けている企業に資料請求をすると，資料と一緒に「エントリーシート」が送られてくるので，応募サイトのフォームやメールでエントリーシートを送付する。Webエントリーを行っていない企業には，ハガキやメールで資料請求をする必要があるが，「エントリーシート」は履歴書とは異なり，企業が設定した設問に対して回答するもの。すなわちこれが「1次試験」であり，これにパスをした人だけが会社説明会に呼ばれる。

02 記入の際の注意点

■字はていねいに

字を書くところから，その企業に対する"本気度"は測られている。

■誤字，脱字は厳禁

使用するのは，黒のインク。

■修正液使用は不可

■数字は算用数字

■自分の広告を作るつもりで書く

自分はこういう人間であり，何がしたいかということを簡潔に書く。メリットになることだけで良い。自分に損になるようなことを書く必要はない。

■「やる気」を示す具体的なエピソードを

「私はやる気があります」「私は根気があります」という抽象的な表現だけではNG。それを示すエピソードのようなものを書かなくては意味がない。

Point

自己紹介欄の項目はすべて「自己PR」。自分はこういう人間であることを印象づけ，それがさらに企業への「志望動機」につながっていくような書き方をする。

column 履歴書やエントリーシートは，共通でもいい？

「履歴書」や「エントリーシート」は企業によって書き分ける。業種はもちろん，同じ業界の企業であっても求めている人材が違うからだ。各書類は提出前にコピーを取り，さらに出した企業名を忘れずに書いておくことも大切だ。

写真	スナップ写真は不可。 スーツ着用で,胸から上の物を使用する。ポイントは「清潔感」。 氏名・大学名を裏書きしておく。
日付	郵送の場合は投函する日,持参する場合は持参日の日付を記入する。
生年月日	西暦は避ける。元号を省略せずに記入する。
氏名	戸籍上の漢字を使う。印鑑押印欄があれば忘れずに押す。
住所	フリガナ欄がカタカナであればカタカナで,平仮名であれば平仮名で記載する。
学歴	最初の行の中央部に「学□□歴」と2文字程度間隔を空けて,中学校卒業から大学（卒業・卒業見込み）まで記入する。 中途退学の場合は,理由を簡潔に記載する。留年は記入する必要はない。 職歴がなければ,最終学歴の一段下の行の右隅に,「以上」と記載する。
職歴	最終学歴の一段下の行の中央部に「職□□歴」と2文字程度間隔を空け記入する。 「株式会社」や「有限会社」など,所属部門を省略しないで記入する。 「同上」や「〃」で省略しない。 最終職歴の一段下の行の右隅に,「以上」と記載する。
資格・免許	4級以下は記載しない。学習中のものも記載して良い。 「普通自動車第一種運転免許」など,省略せずに記載する。
趣味・特技	具体的に（例：読書でもジャンルや好きな作家を）記入する。
志望理由	その企業の強みや良い所を見つけ出したうえで,「自分の得意な事」がどう活かせるかなどを考えぬいたものを記入する。
自己PR	応募企業の事業内容や職種にリンクするような,自分の経験やスキルなどを記入する。
本人希望欄	面接の連絡方法,希望職種・勤務地などを記入する。「特になし」や空白はNG。
家族構成	最初に世帯主を書き,次に配偶者,それから家族を祖父母,兄弟姉妹の順に。続柄は,本人から見た間柄。兄嫁は,義姉と書く。
健康状態	「良好」が一般的。

エントリーシートの記入

01 エントリーシートの目的

・応募者を，決められた採用予定者数に絞り込むこと

・面接時の資料にする

の2つ。

■知りたいのは職務遂行能力

　採用担当者が学生を見る場合は，「こいつは与えられた仕事をこなせるかどうか」という目で見ている。企業に必要とされているのは仕事をする能力なのだ。

Point

質問に忠実に，"自分がいかにその会社の求める人材に当てはまるか"を
丁寧に答えること。

02 効果的なエントリーシートの書き方

■情報を伝える書き方

　課題をよく理解していることを相手に伝えるような気持ちで書く。

■文章力

　大切なのは全体のバランスが取れているか。書く前に，何をどれくらいの字数で収めるか計算しておく。

　「起承転結」でいえば，「起」は，文章を起こす導入部分。「承」は，起を受けて，その提起した問題に対して承認を求める部分。「転」は，自説を展開する部分。もっともオリジナリティが要求される。「結」は，最後の締めの結論部分。文章の構成・まとめる力で，総合的な能力が高いことをアピールする。

表現力，理解力のチェックポイント

- ❏ 文法，語法が正しいかどうか
- ❏ 論旨が論理的で一貫しているかどうか
- ❏ 1センテンスが簡潔かどうか
- ❏ 表現が統一されているかどうか（「です，ます」調か「だ，である」調か）

01 個人面接

●自由面接法

　面接官と受験者のキャラクターやその場の雰囲気，質問と応答の進行具合などによって雑談形式で自由に進められる。

●標準面接法

　自由面接法とは逆に，質問内容や評価の基準などがあらかじめ決まっている。実際には自由面接法と併用で，おおまかな質問事項や判定基準，評価ポイントを決めておき，質疑応答の内容上の制限を緩和しておくスタイルが一般的。1次面接などでは標準面接法をとり，2次以降で自由面接法をとる企業も多い。

●非指示面接法

　受験者に自由に発言してもらい，面接官は話題を引き出したりするときなど，最小限の質問をするという方法。

●圧迫面接法

　わざと受験者の精神状態を緊張させ，受験者がどのような応答をするかを観察し，判定する。受験者は，冷静に対応することが肝心。

02 集団面接

　面接の方法は個人面接と大差ないが，面接官がひとつの質問をして，受験者が順にそれに答えるという方法と，面接官が司会役になって，座談会のような形式で進める方法とがある。

　座談会のようなスタイルでの面接は，なるべく受験者全員が関心をもっているような話題を取りあげ，意見を述べさせるという方法。この際，司会役以外の面接官は一言も発言せず，判定・評価に専念する。

グループディスカッション（以下，GD）の時間は30～60分程度，1グループの人数は5～10人程度で，司会は面接官が行う場合や，時間を決めて学生が交替で行うことが多い。面接官は内容については特に指示することはなく，受験者がどのようにGDを進めるかを観察する。

評価のポイントは，全体的には理解力，表現力，指導性，積極性，協調性など，個別的には性格，知識，適性などが観察される。

GDの特色は，集団の中での個人ということで，受験者の能力がどの程度のものであるか，また，どのようなことに向いているかを判定できること。受験者は，グループの中における自分の位置を面接官に印象づけることが大切だ。

グループディスカッション方式の面接におけるチェックポイント

- ❏ 全体の中で適切な論点を提供できているかどうか。
- ❏ 問題解決に役立つ知識を持っているか，また提供できているかどうか。
- ❏ もつれた議論を解きほぐし，的はずれの議論を元に引き戻す努力をしているかどうか。
- ❏ グループ全体としての目標をいつも考えているかどうか。
- ❏ 感情的な対立や攻撃をしかけているようなことはないか。
- ❏ 他人の意見に耳を傾け，よい意見には賛意を表し，それを全体に推し広げようという寛大さがあるかどうか。
- ❏ 議論の流れを自然にリードするような主導性を持っているかどうか。
- ❏ 提出した意見が議論の進行に大きな影響を与えているかどうか。

04 面接時の注意点

●控え室

控え室には，指定された時間の15分前には入室しよう。そこで担当の係から，面接に際しての注意点や手順の説明が行われるので，疑問点は積極的に聞くようにし，心おきなく面接にのぞめるようにしておこう。会社によっては，所定のカードに必要事項を書き込ませたり，お互いに自己紹介をさせたりする場合もある。また，この控え室での行動も細かくチェックして，合否の資料にしている会社もある。

●入室・面接開始

　係員がドアの開閉をしてくれる場合もあるが，それ以外は軽くノックして入室し，必ずドアを閉める。そして入口近くで軽く一礼し，面接官か補助員の「どうぞ」という指示で正面の席に進み，ここで再び一礼をする。そして，学校名と氏名を名のって静かに着席する。着席時は，軽く椅子にかけるようにする。

●面接終了と退室

　面接の終了が告げられたら，椅子から立ち上がって一礼し，椅子をもとに戻して，面接官または係員の指示を受けて退室する。

　その際も，ドアの前で面接官のほうを向いて頭を下げ，静かにドアを開閉する。控え室に戻ったら，係員の指示を受けて退社する。

05 面接試験の評定基準

●協調性

　企業という「集団」では，他人との協調性が特に重視される。

　感情や態度が円満で調和がとれていること，極端に好悪の情が激しくなく，物事の見方や考え方が穏健で中立であることなど，職場での人間関係を円滑に進めていくことのできる人物かどうかが評価される。

●話し方

　外観印象的には，言語の明瞭さや応答の態度そのものがチェックされる。小さな声で自信のない発言，乱暴野卑な発言は減点になる。

　考えをまとめたら，言葉を選んで話すくらいの余裕をもって，真剣に応答しようとする姿勢が重視される。軽率な応答をしたり，まして発言に矛盾を指摘されるような事態は極力避け，もしそのような状況になりそうなときは，自分の非を認めてはっきりと謝るような態度を示すべき。

●好感度

　実社会においては，外観による第一印象が，人間関係や取引に大きく影響を及ぼす。

　「フレッシュな爽やかさ」に加え，入社志望など，自分の意思や希望をより明確にすることで，強い信念に裏づけられた姿勢をアピールできるよう努力したい。

●判断力

何を質問されているのか，何を答えようとしているのか，常に冷静に判断していく必要がある。

●表現力

話に筋道が通り理路整然としているか，言いたいことが簡潔に言えるか，話し方に抑揚があり聞く者に感銘を与えるか，用語が適切でボキャブラリーが豊富かどうか。

●積極性

活動意欲があり，研究心旺盛であること，進んで物事に取り組み，創造的に解決しようとする意欲が感じられること，話し方にファイトや情熱が感じられること，など。

●計画性

見通しをもって順序よく合理的に仕事をする性格かどうか，またその能力の有無。企業の将来性のなかに，自分の将来をどうかみ合わせていこうとしているか，現在の自分を出発点として，何を考え，どんな仕事をしたいのか。

●安定性

情緒の安定は，社会生活に欠くことのできない要素。自分自身をよく知っているか，他の人に流されない信念をもっているか。

●誠実性

自分に対して忠実であろうとしているか，物事に対してどれだけ誠実な考え方をしているか。

●社会性

企業は集団活動なので，自分の考えに固執したり，不平不満が多い性格は向かない。柔軟で適応性があるかどうか。

清潔感や明朗さ，若々しさといった外観面も重視される。

06 面接試験の質問内容

1. 志望動機

受験先の概要や事業内容はしっかりと頭の中に入れておく。また，その企業の企業活動の社会的意義と，自分自身の志望動機との関連を明確にしておく。「安定している」「知名度がある」「将来性がある」といった利己的な動機，「自

分の性格に合っている」というような，あいまいな動機では説得力がない。安定性や将来性は，具体的にどのような企業努力によって支えられているのかという考察も必要だし，それに対する受験者自身の評価や共感なども問われる。

①どうしてその業種なのか

②どうしてその企業なのか

③どうしてその職種なのか

以上の①～③と，自分の性格や資質，専門などとの関連性を説明できるようにしておく。

自分がどうしてその会社を選んだのか，どこに大きな魅力を感じたのかを，できるだけ具体的に，情熱をもって語ることが重要。自分の長所と仕事の適性を結びつけてアピールし，仕事のやりがいや仕事に対する興味を述べるのもよい。

■複数の企業を受験していることは言ってもいい？

同じ職種，同じ業種で何社かかけもちしている場合，正直に答えてもかまわない。しかし，「第一志望はどこですか」というような質問に対して，正直に答えるべきかどうかというと，やはりこれは疑問がある。どんな会社でも，他社を第一志望にあげられれば，やはり愉快には思わない。

また，職種や業種の異なる会社をいくつか受験する場合も同様で，極端に性格の違う会社をあげれば，その矛盾を突かれるのは必至だ。

2. 仕事に対する意識・職業観

採用試験の段階では，次年度の配属予定が具体的に固まっていない会社もかなりある。具体的に職種や部署などを細分化して募集している場合は別だが，そうでない場合は，希望職種をあまり狭く限定しないほうが賢明。どの業界においても，採用後，新入社員には，研修としてその会社の各セクションをひと通り経験させる企業は珍しくない。そのうえで，具体的な配属計画を検討するのだ。

大切なことは，就職や職業というものを，自分自身の生き方の中にどう位置づけるか，また，自分の生活の中で仕事とはどういう役割を果たすのかを考えてみること。つまり自分の能力を活かしたい，社会に貢献したい，自分の存在価値を社会的に実現してみたい，ある分野で何か自分の力を試してみたい……，などの場合を考え，それを自分自身の人生観，志望職種や業種などとの関係を考えて組み立ててみる。自分の人生観をもとに，それを自分の言葉で表現できるようにすることが大切。

3. 自己紹介・自己PR

性格そのものを簡単に変えたり，欠点を克服したりすることは実際には難しいが，"仕方がない"という姿勢を見せることは禁物で，どんなささいなことでも，努力している面をアピールする。また一般的にいって，専門職を除けば，就職時になんらかの資格や技能を要求する企業は少ない。

ただ，資格をもっていれば採用に有利とは限らないが，専門性を要する業種では考慮の対象とされるものもある。たとえば英検，簿記など。

企業が学生に要求しているのは，4年間の勉学を重ねた学生が，どのように仕事に有用であるかということで，学生の知識や学問そのものを聞くのが目的ではない。あくまで，社会人予備軍としての謙虚さと素直さを失わないようにする。

知識や学力よりも，その人の人間性，ビジネスマンとしての可能性を重視するからこそ，面接担当者は，学生生活全般について尋ねることで，書類だけでは分からない人間性を探ろうとする。

何かうち込んだものや思い出に残る経験などは，その人の人間的な成長になんらかの作用を及ぼしているものだ。どんな経験であっても，そこから受けた印象や教訓などは，明確に答えられるようにしておきたい。

4. 一般常識・時事問題

一般常識・時事問題については筆記試験の分野に属するが，面接でこうしたテーマがもち出されることも珍しくない。受験者がどれだけ社会問題に関心をもっているか，一般常識をもっているか，また物事の見方・考え方に偏りがないかなどを判定する。知識や教養だけではなく，一問一答の応答を通じて，その人の性格や適応能力まで判断されることになる。

07 面接に向けての事前準備

■面接試験1カ月前までには万全の準備をととのえる

●志望会社・職種の研究

新聞の経済欄や経済雑誌などのほか，会社年鑑，株式情報など書物による研究をしたり，インターネットにあがっている企業情報や，検索によりさまざまな角度から調べる。すでにその会社へ就職している先輩や知人に会って知識を得たり，大学のキャリアセンターへ情報を求めるなどして総合的に判断する。

■専攻科目の知識・卒論のテーマなどの整理

大学時代にどれだけ勉強してきたか，専攻科目や卒論のテーマなどを整理しておく。

■時事問題に対する準備

毎日欠かさず新聞を読む。志望する企業の話題は，就職ノートに整理するなどもアリ。

面接当日の必需品

❏必要書類（履歴書，卒業見込証明書，成績証明書，健康診断書，推薦状）

❏学生証

❏就職ノート（志望企業ファイル）

❏印鑑，朱肉

❏筆記用具（万年筆，ボールペン，サインペン，シャープペンなど）

❏手帳，ノート

❏地図（訪問先までの交通機関などをチェックしておく）

❏現金（小銭も用意しておく）

❏腕時計（オーソドックスなデザインのもの）

❏ハンカチ，ティッシュペーパー

❏くし，鏡（女性は化粧品セット）

❏シューズクリーナー

❏ストッキング

❏折りたたみ傘（天気予報をチェックしておく）

❏携帯電話，充電器

■一般常識試験

Point

> 社会人として企業活動を行ううえで最低限必要となる一般常識のほか，
> 英語，国語，社会（時事問題），数学などの知識の程度を確認するもの。

　難易度はおおむね中学・高校の教科書レベル。一般常識の問題集を1冊やっておけばよいが，業界によっては専門分野が出題されることもあるため，必ず志望する企業のこれまでの試験内容は調べておく。

■一般常識試験の対策

- ・英語　慣れておくためにも，教科書を復習する，英字新聞を読むなど。
- ・国語　漢字，四字熟語，反対語，同音異義語，ことわざをチェック。
- ・時事問題　新聞や雑誌,テレビ,ネットニュースなどアンテナを張っておく。

■適性検査

　SPI（Synthetic Personality Inventory）試験（SPI3試験）とも呼ばれ，能力テストと性格テストを合わせたもの。

　能力テストでは国語能力を測る「言語問題」と，数学能力を測る「非言語問題」がある。言語的能力，知覚能力，数的能力のほか，思考・推理能力，記憶力，注意力などの問題で構成されている。

　性格テストは「はい」か「いいえ」で答えていく。仕事上の適性と性格の傾向などが一致しているかどうかをみる。

Point

> SPIは職務への適応性を客観的にみるためのもの。

01 「論文」と「作文」

　一般に「論文」はあるテーマについて自分の意見を述べ，その論証をする文章で，必ず意見の主張とその論証という2つの部分で構成される。問題提起と論旨の展開，そして結論を書く。

　「作文」は，一般的には感想文に近いテーマ，たとえば「私の興味」「将来の夢」といったものがある。

　就職試験では「論文」と「作文」を合わせた"論作文"とでもいうようなものが出題されることが多い。

　論作文試験とは，「文章による面接」。テーマに書き手がどういう態度を持っているかを知ることが，出題の主な目的だ。受験者の知識・教養・人生観・社会観・職業観，そして将来への希望などが，どのような思考を経て，どう表現されているかによって，企業にとって，必要な人物かどうかを判断している。

　論作文の場合には，書き手の社会的意識や考え方に加え，「感銘を与える」働きが要求される。就職活動とは，企業に対し「自分をアピールすること」だということを常に念頭に置いておきたい。

Point

論文と作文の違い

	論　文	作　文
テーマ	学術的・社会的・国際的なテーマ。時事，経済問題など	個人的・主観的なテーマ。人生観，職業観など
表現	自分の意見や主張を明確に述べる。	自分の感想を述べる。
展開	四段型（起承転結）の展開が多い。	三段型（はじめに・本文・結び）の展開が多い。
文体	「だ調・である調」のスタイルが多い。	「です調・ます調」のスタイルが多い。

・テーマ

与えられた課題（テーマ）を，受験者はどのように理解しているか。

出題されたテーマの意義をよく考え，それに対する自分の意見や感情が，十分に整理されているかどうか。

・表現力

課題について本人が感じたり，考えたりしたことを，文章で的確に表しているか。

・字・用語・その他

かなづかいや送りがなが合っているか，文中で引用されている格言やことわざの類が使用法を間違えていないか，さらに誤字・脱字に至るまで，文章の基本的な力が受験者の人柄ともからんで厳密に判定される。

・オリジナリティ

魅力がある文章とは，オリジナリティを率直に出すこと。自分の感情や意見を，自分の言葉で表現する。

・生活態度

文章は，書き手の人格や人柄を映し出す。平素の社会的関心や他人との協調性，趣味や読書傾向はどうであるかといった，受験者の日常における生き方，生活態度がみられる。

・字の上手・下手

できるだけ読みやすい字を書く努力をする。また，制限字数より文章が長くなって原稿用紙の上下や左右の空欄に書き足したりすることは避ける。消しゴムで消す場合にも，丁寧に。

いずれの場合でも，表面的な文章力を問うているのではなく，受験者の人柄のほうを重視している。

実践編 マナーチェックリスト

就活において企業の人事担当は，面接試験やOG／OB訪問，そして面接試験において，あなたのマナーや言葉遣いといった，「常識力」をチェックしている。現在の自分はどのくらい「常識力」が身についているかをチェックリストで振りかえり，何ができて，何ができていないかを明確にしたうえで，今後の取り組みに生かしていこう。

評価基準　5：大変良い　4：やや良い　3：どちらともいえない　2：やや悪い　1：悪い

	項　目	評　価	メ　モ
挨拶	明るい笑顔と声で挨拶をしているか		
	相手を見て挨拶をしているか		
	相手より先に挨拶をしているか		
	お辞儀を伴った挨拶をしているか		
	直接の応対者でなくても挨拶をしているか		
表情	笑顔で応対しているか		
	表情に私的感情がでていないか		
	話しかけやすい表情をしているか		
	相手の話は真剣な顔で聞いているか		
身だしなみ	前髪は目にかかっていないか		
	髪型は乱れていないか／長い髪はまとめているか		
	髭の剃り残しはないか／化粧は健康的か		
	服は汚れていないか／清潔に手入れされているか		
	機能的で職業・立場に相応しい服装をしているか		
	華美なアクセサリーはつけていないか		
	爪は伸びていないか		
	靴下の色は適当か／ストッキングの色は自然な肌色か		
	靴の手入れは行き届いているか		
	ポケットに物を詰めすぎていないか		

	項 目	評 価	メ モ
言葉遣い	専門用語を使わず，相手にわかる言葉で話しているか		
	状況や相手に相応しい敬語を正しく使っているか		
	相手の聞き取りやすい音量・速度で話しているか		
	語尾まで丁寧に話しているか		
	気になる言葉癖はないか		
動作	物の授受は両手で丁寧に実施しているか		
	案内・指し示し動作は適切か		
	キビキビとした動作を心がけているか		
心構え	勤務時間・指定時間の5分前には準備が完了しているか		
	心身ともに健康管理をしているか		
	仕事とプライベートの切替えができているか		

☑ 常に自己点検をするクセをつけよう

「人を表情やしぐさ，身だしなみなどの見かけで判断してはいけない」と一般にいわれている。確かに，人の個性は見かけだけではなく，内面においても見いだされるもの。しかし，私たちは人を第一印象である程度決めてしまう傾向がある。それが面接試験など初対面の場合であればなおさらだ。したがって，チェックリストにあるような挨拶，表情，身だしなみ等に注意して面接試験に臨むことはとても重要だ。ただ，これらは面接試験前にちょっと対策したからといって身につくようなものではない。付け焼き刃的な対策をして面接試験に臨んでも，面接官はあっという間に見抜いてしまう。日頃からチェックリストにあるような項目を意識しながら行動することが大事であり，そうすることで，最初はぎこちない挨拶や表情等も，その人の個性に応じたすばらしい所作へ変わっていくことができるのだ。さっそく，本日から実行してみよう。

面接試験において，印象を決定づける表情はとても大事。

どのようにすれば感じのいい表情ができるのか，ポイントを確認していこう。

明るく,温和で 柔らかな表情をつくろう

人間関係の潤滑油

表情に関しては，まずは豊かである
ということがベースになってくる。う
れしい表情，困った表情，驚いた表
情など，さまざまな気持ちを表現で
きるということが，人間関係を潤いの
あるものにしていく。

Point

　表情はコミュニケーションの大前提。相手に「いつでも話しかけてくださ
いね」という無言の言葉を発しているのが，就活に求められる表情だ。面接
官が安心してコミュニケーションをとろうと思ってくれる表情。それが，明
るく，温和で柔らかな表情となる。

いますぐデキる
カンタンTraining

Training 01

喜怒哀楽を表してみよう

- ・人との出会いを楽しいと思うことが表情の基本
- ・表情を豊かにする大前提は相手の気持ちに寄り添うこと
- ・目元・口元だけでなく，眉の動きを意識することが大事

Training 02

表情筋のストレッチをしよう

- ・表情筋は「ウイスキー」の発音によって鍛える
- ・意識して毎日，取り組んでみよう
- ・笑顔の共有によって相手との距離が縮まっていく

コミュニケーションは挨拶から始まり，その挨拶ひとつで印象は変わるもの。
ポイントを確認していこう。

丁寧にしっかりと
はっきり挨拶をしよう

人間関係の第一歩

挨拶は心を開いて，相手に近づくコ
ミュニケーションの第一歩。たかが
挨拶，されど挨拶の重要性をわきま
えて，きちんとした挨拶をしよう。形，
つまり "技" も大事だが，心をこめ
ることが最も重要だ。

Point

　挨拶はコミュニケーションの第一歩。相手が挨拶するのを待っているの
は望ましくない。挨拶の際のポイントは丁寧であることと，はっきり声に出
すことの2つ。丁寧な挨拶は，相手を大事にして迎えている気持ちの表れ
となる。はっきり声に出すことで，これもきちんと相手を迎えていることが
伝わる。また，相手もその応答として挨拶してくれることで，会ってすぐに
双方向のコミュニケーションが成立する。

いますぐデキる

カンタンTraining

Training **01**

3つのお辞儀をマスターしよう

① 会釈（15度）　　　② 敬礼（30度）　　　③ 最敬礼（45度）

・息を吸うことを意識してお辞儀をするとキレイな姿勢に
・目線は真下ではなく，床前方1.5m先ぐらいを見よう
・相手への敬意を忘れずに

Training **02**

対面時は言葉が先，お辞儀が後

・相手に体を向けて先に自ら挨拶をする
・挨拶時，相手とアイコンタクトを
　しっかり取ろう
・挨拶の後に，お辞儀をする。
　これを「語先後礼」という

コミュニケーションは「話す」よりも「聞く」ことといわれる。相手が話しやすい聞き方の，ポイントを確認しよう。

受容の立場で
傾聴しよう

相手の話を受けとめる

話を聞くときは，やや前に傾く姿勢をとる。表情と姿勢が合わさることにより，話し手の心が開き「あれも，これも話そう」という気持ちになっていく。また，「はい」と一度のお辞儀で頷くと相手の話を受け止めているというメッセージにつながる。

Point

　話をすること，話を聞いてもらうことは誰にとってもプレッシャーを伴うもの。そのため，「何でも話して良いんですよ」「何でも話を聞きますよ」「心配しなくて良いんですよ」という気持ちで聞くことが大切になる。その気持ちが聞く姿勢に表れれば，相手は安心して話してくれる。

いますぐデキる
カンタンTraining

Training 01

頷きは一度で

- 相手が話した後に「はい」と
  一言発する
- 頷きすぎは逆効果

Training 02

目線は自然に

- 鼻の付け根あたりを見ると
  自然な印象に
- 目を見つめすぎるのはNG

Training 03

話の句読点で視線を移す

- 視線は話している人を見ることが基本
- 複数の人の話を聞くときは句読点を意識し，
  視線を振り分けることで聞く姿勢を表す

伝わる話し方

自分の意思を相手に明確に伝えるためには，話し方が重要となる。はっきりと的確に話すためのポイントを確認しよう。

明るい発声を
心がけよう

ボリュームを意識して

話すときのポイントとしては，ボリュームを意識することが挙げられる。会議室の一番奥にいる人に声が届くように意識することで，声のボリュームはコントロールされていく。

Point

　コミュニケーションとは「伝達」すること。どのようなことも，適当に伝えるのではなく，伝えるべきことがきちんと相手に届くことが大切になる。そのためには，はっきりと，分かりやすく，丁寧に，心を込めて話すこと。言葉だけでなく，表情やジェスチャーを加えることも有効。

いますぐデキる
カンタンTraining

Training 01
腹式呼吸で発声練習

- 「あえいうえおあお」と発声する
- 腹式呼吸は，胸部をなるべく動かさずに，息を吸うときにお腹や腰が膨らむよう意識する呼吸法

Training 02
早口言葉にチャレンジ

おあやや
母親に
お謝り

- 「おあやや，母親に，お謝り」と早口で
- 口がすぼまった「お」と口が開いた「あ」の発音に，変化をつけられるかがポイント

Training 03
ジェスチャーを有効活用

- 腰より上でジェスチャーをする
- 体から離した位置に手をもっていく
- ジェスチャーをしたら戻すところをさだめておく

就職活動のはじめかた　161

身だしなみはその人自身を表すもの。身だしなみの基本について，ポイントを
確認しよう。

清潔感,さわやかさを
醸し出せるようにしよう

プロの企業人に
ふさわしい身だしなみを

信頼感，安心感をもたれる身だしな
みを考えよう。TPOに合わせた服装は，
すなわち"礼"を表している。そして，
身だしなみには，「清潔感」，「品のよさ」，
「控え目である」という，3つのポイ
ントがある。

Point

相手との心理的な距離や物理的な距離が遠ければ，コミュニケーションは
成立しにくくなる。見た目が不潔では誰も近付いてこない。身だしなみが
清潔であること，爽やかであることは相手との距離を縮めることにも繋がる。

カンタンTraining

Training 01

髪型，服装を整えよう

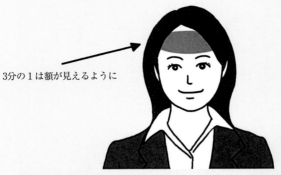

3分の1は額が見えるように

- 男性も女性も眉が見える髪型が望ましい。3分の1は額が見えるように。額は知性と清潔感を伝える場所。男性の髪の長さは耳や襟にかからないように
- スーツで相手の前に立つときは，ボタンはすべて留める。男性の場合は下のボタンは外す

Training 02

おしゃれとの違いを明確に

- 爪はできるだけ切りそろえる
- 爪の中の汚れにも注意
- ジェルネイル，ネイルアートはNG

Training 03

足元にも気を配って

- 女性の場合はパンプス，男性の場合は黒の紐靴が望ましい
- 靴はこまめに汚れを落とし見栄えよく

姿勢にはその人の意欲が反映される。前向き，活動的な姿勢を表すにはどうしたらよいか，ポイントを確認しよう。

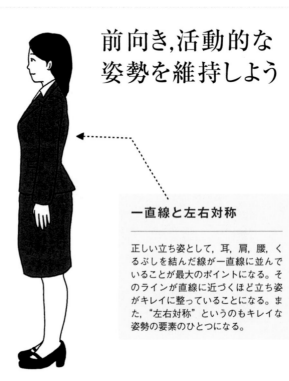

前向き,活動的な 姿勢を維持しよう

一直線と左右対称

正しい立ち姿として，耳，肩，腰，くるぶしを結んだ線が一直線に並んでいることが最大のポイントになる。そのラインが直線に近づくほど立ち姿がキレイに整っていることになる。また，"左右対称"というのもキレイな姿勢の要素のひとつになる。

Point

　姿勢は，身体と心の状態を反映するもの。そのため，良い姿勢でいることは，印象が清々しいだけでなく，健康で元気そうに見え，話しかけやすさにも繋がる。歩く姿勢，立つ姿勢，座る姿勢など，どの場面にも心身の健康状態が表れるもの。日頃から心身の健康状態に気を配り，フィジカルとメンタル両面の自己管理を心がけよう。

いますぐデキる
カンタンTraining

Training 01

キレイな歩き方を心がけよう

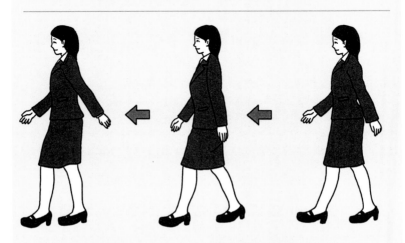

- 女性は1本の線上を，男性はそれよりも太い線上を沿うように歩く
- 一歩踏み出したときに前の足に体重を乗せるように，腰から動く
- 12時の方向につま先をもっていく

Training 02

前向きな気持ちを持とう

- 常に前向きな気持ちが姿勢を正す
- ポジティブ思考を心がけよう

言葉遣いの正しさはとは，場面にあった言葉を遣うということ。相手を気づかいながら，言葉を選ぶことで，より正しい言葉に近づいていく。

相手と場面に合わせた ふさわしい言葉遣いを

次の文は接客の場面でよくある間違えやすい敬語です。
それぞれの言い方は○×どちらでしょうか。

問1 「資料をご拝読いただきありがとうございます」

問2 「こちらのパンフレットはもういただかれましたか？」

問3 「恐れ入りますが，こちらの用紙にご記入してください」

問4 「申し訳ございませんが，来週，休ませていただきます」

問5 「先ほどの件，帰りましたら上司にご報告いたしますので」

Point

　ビジネスのシーンに敬語は欠くことができない。何度もやり取りをしていく中で，親しさの度合いによっては，あえてくだけた表現を用いることもあるが，「親しき仲にも礼儀あり」と言われるように，敬意や心づかいをおろそかにしてはいけないもの。相手に誤解されたり，相手の気分を壊すことのないように，相手や場面にふさわしい言葉遣いが大切になる。

問1 （×）　○正しい言い換え例

→「ご覧いただきありがとうございます」など

「拝読」は自分が「読む」意味の謙譲語なので，相手の行為に使うのは誤り。読むと見るは同義なため，多く，見るの尊敬語「ご覧になる」が用いられる。

問2 （×）　○正しい言い換え例

→「お持ちですか」「お渡ししましたでしょうか」　など

「いただく」は，食べる・飲む・もらうの謙譲語。「もらったかどうか」と聞きたいのだから，「おもらいになりましたか」と言えないこともないが，持っているかどうか，受け取ったかどうかという意味で「お持ちですか」などが使われることが多い。また，自分側が渡すような場合は，「お渡しする」を使って「お渡ししましたでしょうか」などの言い方に換えることもできる。

問3 （×）　○正しい言い換え例

→「恐れ入りますが，こちらの用紙にご記入ください」など

「ご記入する」の「お（ご）〜する」は謙譲語の形。相手の行為を謙譲語で表すことになるため誤り。「して」を取り除いて「ご記入ください」か，和語に言い換えて「お書きください」とする。ほかにも「お書き／ご記入・いただけますでしょうか・願います」などの表現もある。

問4 （△）

有給休暇を取る場合や，弔事等で休むような場面で，用いられることも多い。「休ませていただく」ということで一見丁寧に響くが，「来週休むと自分で休みを決めている」という勝手な表現にも受け取られかねない言葉だ。ここは同じ「させていただく」を用いても，相手の都合をうかがう言い方に換えて「○○がございまして，申し訳ございませんが，休みをいただいてもよろしいでしょうか」などの言い換えが好ましい。

問5 （×）○正しい言い換え例

→「上司に報告いたします」

「ご報告いたします」は，ソトの人との会話で使うとするならば誤り。「ご報告いたします」の「お・ご〜いたす」は，「お・ご〜する」と「〜いたす」という2つの敬語を含む言葉。そのうちの「お・ご〜する」は，主語である自分を低めて相手＝上司を高める働きをもつ表現（謙譲語Ⅰ）。一方「〜いたす」は，主語の私を低めて，話の聞き手に対して丁重に述べる働きをもつ表現（謙譲語Ⅱ　丁重語）。「お・ご〜する」も「〜いたす」も同じ謙譲語であるため紛らわしいが，主語を低める（謙譲）という働きは同じでも，行為の相手を高める働きがあるかないかという点に違いがあるといえる。

敬語は正しく使用することで，相手の印象を大きく変えることができる。尊敬語，謙譲語の区別をはっきりつけて，誤った用法で話すことのないように気をつけよう。

言葉の使い方が
マナーを表す!

■よく使われる尊敬語の形　「言う・話す・説明する」の例

専用の尊敬語型	おっしゃる
～れる・～られる型	言われる・話される・説明される
お（ご）～になる型	お話しになる・ご説明になる
お（ご）～なさる型	お話しなさる・ご説明なさる

■よく使われる謙譲語の形　「言う・話す・説明する」の例

専用の謙譲語型	申す・申し上げる
お（ご）～する型	お話しする・ご説明する
お（ご）～いたす型	お話しいたします・ご説明いたします

Point

　同じ尊敬語・謙譲語でも，よく使われる代表的な形がある。ここではその一例をあげてみた。敬語の使い方に迷ったときなどは，まずはこの形を思い出すことで，大抵の語はこの型にはめ込むことができる。同じ言葉を用いたほうがよりわかりやすいといえるので，同義に使われる「言う・話す・説明する」を例に考えてみよう。

　ほかにも「お話しくださる」や「お話しいただく」「お元気でいらっしゃる」などの形もあるが，まずは表の中の形を見直そう。

■よく使う動詞の尊敬語・謙譲語

なお，尊敬語の中の「言われる」などの「れる・られる」を付けた形は省力している。

基本	尊敬語（相手側）	謙譲語（自分側）
会う	お会いになる	お目にかかる・お会いする
言う	おっしゃる	申し上げる・申す
行く・来る	いらっしゃる おいでになる お見えになる お越しになる お出かけになる	伺う・参る お伺いする・参上する
いる	いらっしゃる・おいでになる	おる
思う	お思いになる	存じる
借りる	お借りになる	拝借する・お借りする
聞く	お聞きになる	拝聴する 拝聞する お伺いする・伺う お聞きする
知る	ご存じ（知っているという意で）	存じ上げる・存じる
する	なさる	いたす
食べる・飲む	召し上がる・お召し上がりになる お飲みになる	いただく・頂戴する
見る	ご覧になる	拝見する
読む	お読みになる	拝読する

「お伺いする」「お召し上がりになる」などは，「伺う」「召し上がる」自体が敬語なので
「二重敬語」ですが，慣習として定着しており間違いではないもの。

Point

　上記の「敬語表」は，よく使うと思われる動詞をそれぞれ尊敬語・謙譲語で表したもの。このように大体の言葉は型にあてはめることができる。言葉の中には「お（ご）」が付かないものもあるが，その場合でも「〜なさる」を使って，「スピーチなさる」や「運営なさる」などと言うことができる。また，表では，「言う」の尊敬語「言われる」の例は省いているが，れる・られる型の「言われる」よりも「おっしゃる」「お話しになる」「お話しなさる」などの言い方のほうが，より敬意も高く，言葉としても何となく響きが落ち着くといった印象を受けるものとなる。

会話は相手があってのこと。いかなる場合でも，相手に対する心くばりを忘れないことが，会話をスムーズに進めるためのコツになる。

心くばりを添えるひと言で
言葉の印象が変わる!

　相手に何かを頼んだり，また相手の依頼を断ったり，相手の抗議に対して反論したりする場面では，いきなり自分の意見や用件を切り出すのではなく，場面に合わせて心くばりを伝えるひと言を添えてから本題に移ると，響きがやわらかくなり，こちらの意向も伝えやすくなる。俗にこれは「クッション言葉」と呼ばれている。(右表参照)

Point

　ビジネスの場面で，相手と話したり手紙やメールを送る際には，何か依頼事があってという場合が多いもの。その場合に「ちょっとお願いなんですが…」では，ふだんの会話と変わりがないものになってしまう。そこを「突然のお願いで恐れ入りますが」「急にご無理を申しまして」「こちらの勝手で恐縮に存じますが」「折り入ってお願いしたいことがございまして」などの一言を添えることで，直接的なきつい感じが和らぐだけでなく，「申し訳ないのだけれど，もしもそうしていただくことができればありがたい」という，相手への配慮や願いの気持ちがより強まる。このような前置きの言葉もうまく用いて，言葉に心くばりを添えよう。

相手の意向を尋ねる場合	「よろしければ」「お差し支えなければ」 「ご都合がよろしければ」「もしお時間がありましたら」 「もしお嫌いでなければ」「ご興味がおありでしたら」
相手に面倒を かけてしまうような場合	「お手数をおかけしますが」 「ご面倒をおかけしますが」 「お手を煩わせまして恐縮ですが」 「お忙しい時に申し訳ございませんが」 「お時間を割いていただき申し訳ありませんが」 「貴重なお時間を頂戴し恐縮ですが」
自分の都合を 述べるような場合	「こちらの勝手で恐縮ですが」 「こちらの都合（ばかり）で申し訳ないのですが」 「私どもの都合ばかりを申しまして，まことに申し訳なく存じますが」 「ご無理を申し上げまして恐縮ですが」
急な話をもちかけた場合	「突然のお願いで恐れ入りますが」 「急にご無理を申しまして」 「もっと早くにご相談申し上げるべきところでございましたが」 「差し迫ってのことでまことに申し訳ございませんが」
何度もお願いする場合	「たびたびお手数をおかけしまして恐縮に存じますが」 「重ね重ね恐縮に存じますが」 「何度もお手を煩わせまして申し訳ございませんが」 「ご面倒をおかけしてばかりで，まことに申し訳ございませんが」
難しいお願いをする場合	「ご無理を承知でお願いしたいのですが」 「たいへん申し上げにくいのですが」 「折り入ってお願いしたいことがございまして」
あまり親しくない相手に お願いする場合	「ぶしつけなお願いで恐縮ですが」 「ぶしつけながら」 「まことに厚かましいお願いでございますが」
相手の提案・誘いを断る場合	「申し訳ございませんが」 「（まことに）残念ながら」 「せっかくのご依頼ではございますが」 「たいへん恐縮ですが」 「身に余るお言葉ですが」 「まことに失礼とは存じますが」 「たいへん心苦しいのですが」 「お引き受けしたいのはやまやまですが」
問い合わせの場合	「つかぬことをうかがいますが」 「突然のお尋ねで恐縮ですが」

ここでは文章の書き方における，一般的な敬称について言及している。はがき，手紙，メール等，通信手段はさまざま。それぞれの特性をふまえて有効活用しよう。

相手の気持ちになって
見やすく美しく書こう

■敬称のいろいろ

敬称	使う場面	例
様	職名・役職のない個人	（例）飯田知子様／ご担当者様／経理部長　佐藤一夫様
殿	職名・組織名・役職のある個人（公用文など）	（例）人事部長殿／教育委員会殿／田中四郎殿
先生	職名・役職のない個人	（例）松井裕子先生
御中	企業・団体・官公庁などの組織	（例）○○株式会社御中
各位	複数あてに同一文書を出すとき	（例）お客様各位／会員各位

Point

　封筒・はがきの表書き・裏書きは縦書きが基本だが，洋封筒で親しい人にあてる場合は，横書きでも問題ない。いずれにせよ，定まった位置に，丁寧な文字でバランス良く，正確に記すことが大切。特に相手の住所や名前を乱雑な文字で書くのは，配達の際の間違いを引き起こすだけでなく，受け取る側に不快な思いをさせる。相手の気持ちになって，見やすく美しく書くよう心がけよう。

■各通信手段の長所と短所

	長所	短所	用途
封書	・封を開けなければ本人以外の目に触れることがない。 ・丁寧な印象を受ける。	・多量の資料・画像送付には不向き。 ・相手に届くまで時間がかかる。	・儀礼的な文書(礼状・わび状など) ・目上の人あての文書 ・重要な書類 ・他人に内容を読まれたくない文書
はがき・カード	・封書よりも気軽にやり取りできる。 ・年賀状や季節の便り, 旅先からの連絡など絵はがきとしても楽しむことができる。	・封に入っていないため, 第三者の目に触れることがある。 ・中身が見えるので, 改まった礼状やわび状, こみ入った内容には不向き。 ・相手に届くまで時間がかかる。	・通知状　　　・案内状 ・送り状　　　・旅先からの便り ・各種のお祝い　・お礼 ・季節の挨拶
FAX	・手書きの図やイラストを文章といっしょに送れる。 ・すぐに届く。 ・控えが手元に残る。	・多量の資料の送付には不向き。 ・事務的な用途で使われることが多く, 改まった内容の文書, 初対面の人へは不向き。	・地図, イラストの入った文書 ・印刷物(本・雑誌など)
電話	・急ぎの連絡に便利。 ・相手の反応をすぐに確認できる。 ・直接声が聞けるので, 安心感がある。	・連絡できる時間帯が制限される。 ・長々としたこみ入った内容は伝えづらい。	・緊急の用件 ・確実に用件を伝えたいとき
メール	・瞬時に届く。　・控えが残る。 ・コストが安い。 ・大容量の資料や画像をデータで送ることができる。 ・一度に大勢の人に送ることができる。 ・相手の居場所や状況を気にせず送れる。	・事務的な印象を与えるので, 改まった礼状やわび状には不向き。 ・パソコンや携帯電話を持っていない人には送れない。 ・ウィルスなどへの対応が必要。	・データで送りたいとき ・ビジネス上の連絡

Point

　はがきは手軽で便利だが, おわびやお願い, 格式を重んじる手紙には不向きとなる。この種の手紙は内容もこみ入ったものとなり, 加えて丁寧な文章で書かなければならないので, 数行で済むことはまず考えられない。また, 封筒に入っていないため, 他人の目に触れるという難点もある。このように, はがきにも長所と短所があるため, 使う場面や相手によって, 他の通信手段と使い分けることが必要となる。

　はがき以外にも, 封書・電話・FAX・メールなど, 現代ではさまざまな通信手段がある。上に示したように, それぞれ長所と短所があるので, 特徴を知って用途によって上手に使い分けよう。

　社会人のマナーとして，電話応対のスキルは必要不可欠。まずは失礼なく電話に出ることからはじめよう。積極性が重要だ。

相手の顔が見えない分
対応には細心の注意を

■電話をかける場合

---

① 　○○先生に電話をする

　×「私，□□社の××と言いますが，○○様はおられますでしょうか？」

　○「××と申しますが，○○様はいらっしゃいますか？」

「おられますか」は「おる」を謙譲語として使うため，通常は相手がいるかどうかに関しては，「いらっしゃる」を使うのが一般的。

---

② 　相手の状況を確かめる

　×「こんにちは，××です，先日のですね…」

　○「××です，先日は有り難うございました，今お時間よろしいでしょうか？」

　相手が忙しくないかどうか，状況を聞いてから話を始めるのがマナー。また，やむを得ず夜間や早朝，休日などに電話をかける際は，「夜分（朝早く）に申し訳ございません」「お休みのところ恐れ入ります」などのお詫びの言葉もひと言添えて話す。

---

③ 　相手が不在，何時ごろ戻るかを聞く場合

　×「戻りは何時ごろですか？」

　○「何時ごろお戻りになりますでしょうか？」

「戻り」はそのままの言い方，相手にはきちんと尊敬語を使う。

---

④ 　また自分からかけることを伝える

　×「そうですか，ではまたかけますので」

　○「それではまた後ほど（改めて）お電話させていただきます」

　戻る時間がわかる場合は，「またお戻りになりましたころにでも」「また午後にでも」などの表現もできる。

■電話を受ける場合

① 電話を取ったら

× 「はい，もしもし，○○（社名）ですが」

○ 「はい，○○（社名）でございます」

② 相手の名前を聞いて

× 「どうも，どうも」

○ 「いつもお世話になっております」

　あいさつ言葉として定着している決まり文句ではあるが，日頃のお付き合いがあってこそ。あいさつ言葉もきちんと述べよう。「お世話様」という言葉も時折耳にするが，敬意が軽い言い方となる。適切な言葉を使い分けよう。

③ 相手が名乗らない

× 「どなたですか？」「どちらさまですか？」

○ 「失礼ですが，お名前をうかがってもよろしいでしょうか？」

　名乗るのが基本だが，尋ねる態度も失礼にならないように適切な応対を心がけよう。

④ 電話番号や住所を教えてほしいと言われた場合

× 「はい，いいでしょうか？」　　× 「メモのご用意は？」

○ 「はい，申し上げます，よろしいでしょうか？」

　「メモのご用意は？」は，一見親切なようにも聞こえるが，尋ねる相手も用意していることがほとんど。押し付けがましくならない程度に。

⑤ 上司への取次を頼まれた場合

× 「はい，今代わります」　　× 「○○部長ですね，お待ちください」

○ 「部長の○○でございますね，ただいま代わりますので，少々お待ちくださいませ」

　○○部長という表現は，相手側の言い方となる。自分側を述べる場合は，「部長の○○」「○○」が適切。

Point

　自分から電話をかける場合は，まずは自分の会社名や氏名を名乗るのがマナー。たとえ目的の相手が直接出た場合でも，電話では相手の様子が見えないことがほとんど。自分の勝手な判断で話し始めるのではなく，相手の都合を伺い，そのうえで話を始めるのが社会人として必要な気配りとなる。

デキるオトナをアピール
時候の挨拶

月	漢語調の表現 候、みぎりなどを付けて用いられます	口語調の表現
1月 (睦月)	初春・新春 頌春・小寒・大寒・厳寒	皆様におかれましては，よき初春をお迎えのことと存じます／厳しい寒さが続いております／珍しく暖かな寒の入りとなりました／大寒という言葉通りの厳しい寒さでございます
2月 (如月)	春寒・余寒・残寒・立春・梅花・向春	立春とは名ばかりの寒さ厳しい毎日でございます／梅の花もちらほらとふくらみ始め，春の訪れを感じる今日この頃です／春の訪れが待ち遠しいこのごろでございます
3月 (弥生)	早春・浅春・春寒・春分・春暖	寒さもようやくゆるみ，日ましに春めいてまいりました／ひと雨ごとに春めいてまいりました／日増しに暖かさが加わってまいりました
4月 (卯月)	春暖・陽春・桜花・桜花爛漫	桜花爛漫の季節を迎えました／春光うららかな好季節となりました／花冷えとでも申しましょうか，何だか肌寒い日が続いております
5月 (皐月)	新緑・薫風・惜春・晩春・立夏・若葉	風薫るさわやかな季節を迎えました／木々の緑が目にまぶしいようでございます／目に青葉，山ほととぎす，初鰹の句も思い出される季節となりました
6月 (水無月)	梅雨・向暑・初夏・薄暑・麦秋	初夏の風もさわやかな毎日でございます／梅雨前線が近づいてまいりました／梅雨の晴れ間にのぞく青空は，まさに夏を思わせるようです
7月 (文月)	盛夏・大暑・炎暑・酷暑・猛暑	梅雨が明けたとたん，うだるような暑さが続いております／長い梅雨も明け，いよいよ本格的な夏がやってまいりました／風鈴の音がわずかに涼を運んでくれているようです
8月 (葉月)	残暑・晩夏・処暑・秋暑	立秋とはほんとに名ばかりの厳しい暑さの毎日です／残暑たえがたい毎日でございます／朝夕はいくらかしのぎやすくなってまいりました
9月 (長月)	初秋・新秋・爽秋・新涼・清涼	九月に入りましてもなお，日差しの強い毎日です／暑さもやっとおとろえはじめたようでございます／残暑も去り，ずいぶんとしのぎやすくなってまいりました
10月 (神無月)	清秋・錦秋・秋涼・秋冷・寒露	秋風もさわやかな過ごしやすい季節となりました／街路樹の葉も日ごとに色を増しております／紅葉の便りの聞かれるころとなりました／秋深く，日増しに冷気も加わってまいりました
11月 (霜月)	晩秋・暮秋・霜降・初霜・向寒	立冬を迎え，まさに冬到来を感じる寒さです／木枯らしの季節になりました／日ごとに冷気が増すようでございます／朝夕はひときわ冷え込むようになりました
12月 (師走)	寒冷・初冬・師走・歳晩	師走を迎え，何かと慌ただしい日々をお過ごしのことと存じます／年の瀬も押しつまり，何かとお忙しくお過ごしのことと存じます／今年も残すところわずかとなりました，お忙しい毎日とお察しいたします

いますぐデキる
シチュエーション別会話例

シチュエーション1　　取引先との会話

「非常に素晴らしいお話で感心しました」→NG！

　「感心する」は相手の立派な行為や，優れた技量などに心を動かされるという意味。意味としては間違いではないが，目上の人に用いると，偉そうに聞こえかねない表現。「感動しました」などに言い換えるほうが好ましい。

シチュエーション2　　子どもとの会話

「お母さんは，明日はいますか？」→NG！

　たとえ子どもとの会話でも，子どもの年齢によっては，ある程度の敬語を使うほうが好ましい。「明日はいらっしゃいますか」では，むずかしすぎると感じるならば，「お出かけですか」などと表現することもできる。

シチュエーション3　　同僚との会話

「今，お暇ですか」→NG？

　同じ立場同士なので，暇に「お」が付いた形で「お暇」ぐらいでも構わないともいえるが，「暇」というのは，するべきことも何もない時間という意味。そのため「お暇ですか」では，あまりにも直接的になってしまう。その意味では「手が空いている」→「空いていらっしゃる」→「お手透き」などに言い換えることで，やわらかく敬意も含んだ表現になる。

シチュエーション4　　上司との会話

「なるほどですね」→NG！

　「なるほど」とは，相手の言葉を受けて，自分も同意見であることを表すため，相手の言葉・意見を自分が評価するというニュアンスも含まれている。そのため自分が評価して述べているという偉そうな表現にもなりかねない。同じ同意ならば，頷き「おっしゃる通りです」などの言葉のほうが誤解なく伝わる。

就活スケジュールシート

■年間スケジュールシート

1月	2月	3月	4月	5月	6月
企業関連スケジュール					
自己の行動計画					

就職活動をすすめるうえで，当然重要になってくるのは，自己のスケジュール管理だ。企業の選考スケジュールを把握することも大切だが，自分のペースで進めることになる自己分析や業界・企業研究，面接試験のトレーニング等の計画を立てることも忘れてはいけない。スケジュールシートに「記入」する作業を通して，短期・長期の両方の面から就職試験を考えるきっかけにしよう。

7月	8月	9月	10月	11月	12月
企業関連スケジュール					
自己の行動計画					

第**4**章

SPI対策

ほとんどの企業では，基本的な資質や能力を見極める
ため適性検査を実施しており，現在最も使われている
のがリクルートが開発した「SPI」である。

テストの内容は，「言語能力」「非言語能力」「性格」
の３つに分かれている。その人がどんな人物で，どん
な仕事で力を発揮しやすいのか，また，どんな組織に
なじみやすいかなどを把握するために行われる。

この章では，SPIの「言語能力」及び「非言語能力」の
分野で，頻出内容を絞って，演習問題を構成している。
演習問題に複数回チャレンジし，解説をしっかりと熟
読して，学習効果を高めよう。

SPI 対策

● SPI とは

　SPIは，Synthetic Personality Inventoryの略称で，株式会社リクルートが開発・販売を行っている就職採用向けのテストである。昭和49年から提供が始まり，平成14年と平成25年の2回改訂が行われ，現在はSPI3が最新になる。

　SPIは，応募者の仕事に対する適性，職業の適性能力，興味や関心を見極めるのに適しており，現在の就職採用テストでは主流となっている。

　SPIは，「知的能力検査」と「性格検査」の2領域にわけて測定され，知的能力検査は「言語能力検査（国語）」と「非言語能力検査（数学）」に分かれている。オプション検査として，「英語（ENG）検査」を実施することもある。性格適性検査では，性格を細かく分析するために，非常に多くの質問が出される。SPIの性格適性検査では，正式な回答はなく，全ての質問に正直に答えることが重要である。

　本章では，その中から，「言語能力検査」と「非言語能力検査」に絞って収録している。

● SPI を利用する企業の目的

①：志望者から人数を絞る

　一部上場企業にもなると，数万単位の希望者が応募してくる。基本的な資質能力や会社への適性能力を見極めるため，SPIを使って，人数の絞り込みを行う。

②：知的能力を見極める

　SPIは，応募者1人1人の基本的な知的能力を比較することができ，それによって，受検者の相対的な知的能力を見極めることが可能になる。

③：性格をチェックする

　その職種に対する適性があるが，300程度の簡単な質問によって発想力やパーソナリティを見ていく。性格検査なので，正解というものはなく，正直に回答していくことが重要である。

●SPIの受検形式

　SPIは，企業の会社説明会や会場で実施される「ペーパーテスト形式」と，パソコンを使った「テストセンター形式」とがある。

　近年，ペーパーテスト形式は減少しており，ほとんどの企業が，パソコンを使ったテストセンター形式を採用している。志望する企業がどのようなテストを採用しているか，早めに確認し，対策を立てておくこと。

●SPIの出題形式

　SPIは，言語分野，非言語分野，英語（ENG），性格適性検査に出題形式が分かれている。

科目	出題範囲・内容
言語分野	二語の関係，語句の意味，語句の用法，文の並び換え，空欄補充，熟語の成り立ち，文節の並び換え，長文読解　等
非言語分野	推論，場合の数，確率，集合，損益算，速度算，表の読み取り，資料の読み取り，長文読み取り　等
英語（ENG）	同意語，反意語，空欄補充，英英辞書，誤文訂正，和文英訳，長文読解　等
性格適性検査	質問：300問程度　時間：約35分

●受検対策

　本章では，出題が予想される問題を厳選して収録している。問題と解答だけではなく，詳細な解説も収録しているので，分からないところは複数回問題を解いてみよう。

言語分野

同音異義語

●あいせき
哀惜　死を悲しみ惜しむこと
愛惜　惜しみ大切にすること
●いぎ
意義　意味・内容・価値
異議　他人と違う意見
威儀　いかめしい挙動
異義　異なった意味
●いし
意志　何かをする積極的な気持ち
意思　しようとする思い・考え
●いどう
異同　異なり・違い・差
移動　場所を移ること
異動　地位・勤務の変更
●かいこ
懐古　昔を懐かしく思うこと
回顧　過去を振り返ること
解雇　仕事を辞めさせること
●かいてい
改訂　内容を改め直すこと
改定　改めて定めること
●かんしん
関心　気にかかること
感心　心に強く感じること
歓心　嬉しいと思う心

寒心　肝を冷やすこと
●きてい
規定　規則・定め
規程　官公庁などの規則
●けんとう
見当　だいたいの推測・判断・
　　　めあて
検討　調べ究めること
●こうてい
工程　作業の順序
行程　距離・みちのり
●じき
直　　すぐに
時期　時・折り・季節
時季　季節・時節
時機　適切な機会
●しゅし
趣旨　趣意・理由・目的
主旨　中心的な意味
●たいけい
体型　人の体格
体形　人や動物の形態
体系　ある原理に基づき個々のも
　　　のを統一したもの
大系　系統立ててまとめた叢書
●たいしょう

対象　行為や活動が向けられる相手

対称　対応する位置にあること

対照　他のものと照らし合わせること

●たんせい

端正　人の行状が正しくきちんとしているさま

端整　人の容姿が整っているさま

●はんざつ

繁雑　ごたごたと込み入ること

煩雑　煩わしく込み入ること

●ほしょう

保障　保護して守ること

保証　確かだと請け合うこと

補償　損害を補い償うこと

●むち

無知　知識・学問がないこと

無恥　恥を知らないこと

●ようけん

要件　必要なこと

用件　なすべき仕事

同訓漢字

●あう

合う…好みに合う。答えが合う。

会う…客人と会う。立ち会う。

遭う…事故に遭う。盗難に遭う。

●あげる

上げる…プレゼントを上げる。効果を上げる。

挙げる…手を挙げる。全力を挙げる。

揚げる…凧を揚げる。てんぷらを揚げる。

●あつい

暑い…夏は暑い。暑い部屋。

熱い…熱いお湯。熱い視線を送る。

厚い…厚い紙。面の皮が厚い。

篤い…志の篤い人。篤い信仰。

●うつす

写す…写真を写す。文章を写す。

映す…映画をスクリーンに映す。鏡に姿を映す。

●おかす

冒す…危険を冒す。病に冒された人。

犯す…犯罪を犯す。法律を犯す。

侵す…領空を侵す。プライバシーを侵す。

●おさめる

治める…領地を治める。水を治める。

収める…利益を収める。争いを収める。

修める…学問を修める。身を修める。

納める…税金を納める。品物を納める。

●かえる

変える…世界を変える。性格を変える。

代える…役割を代える。背に腹は代えられぬ。

替える…円をドルに替える。服を
　　　替える。

●きく

聞く…うわさ話を聞く。明日の天
　　　気を聞く。

聴く…音楽を聴く。講義を聴く。

●しめる

閉める…門を閉める。ドアを閉め
　　　る。

締める…ネクタイを締める。気を
　　　引き締める。

絞める…首を絞める。絞め技をか
　　　ける。

●すすめる

進める…足を進める。話を進める。

勧める…縁談を勧める。加入を勧
　　　める。

薦める…生徒会長に薦める。

●つく

付く…傷が付いた眼鏡。気が付く。

着く…待ち合わせ場所の公園に着
　　　く。地に足が着く。

就く…仕事に就く。外野の守備に
　　　就く。

●つとめる

務める…日本代表を務める。主役
　　　を務める。

努める…問題解決に努める。療養
　　　に努める。

勤める…大学に勤める。会社に勤
　　　める。

●のぞむ

望む…自分の望んだ夢を追いかけ
　　　る。

臨む…記者会見に臨む。決勝に臨
　　　む。

●はかる

計る…時間を計る。将来を計る。

測る…飛行距離を測る。水深を測
　　　る。

●みる

見る…月を見る。ライオンを見る。

診る…患者を診る。脈を診る。

演習問題

1　カタカナで記した部分の漢字として適切なものはどれか。

　1　手続きがハンザツだ　　　　　　【汎雑】
　2　誤りをカンカすることはできない　【観過】
　3　ゲキヤクなので取扱いに注意する　【激薬】
　4　クジュウに満ちた選択だった　　　【苦重】
　5　キセイの基準に従う　　　　　　　【既成】

下線部の漢字として適切なものはどれか。

家で飼っている熱帯魚を<u>かんしょう</u>する。

1　干渉
2　観賞
3　感傷
4　勧奨
5　鑑賞

3 下線部の漢字として適切なものはどれか。

彼に責任を<u>ついきゅう</u>する。

1　追窮
2　追究
3　追給
4　追求
5　追及

4 下線部の語句について，両方とも正しい表記をしているものはどれか。

1　私と母とは<u>相生</u>がいい。　　・この歌を<u>愛唱</u>している。
2　それは<u>規成</u>の事実である。　・<u>既製品</u>を買ってくる。
3　<u>同音異義語</u>を見つける。　　・会議で<u>意議</u>を申し立てる。
4　選挙の<u>大勢</u>が決まる。　　　・作曲家として<u>大成</u>する。
5　<u>無常</u>の喜びを味わう。　　　・<u>無情</u>にも雨が降る。

5 下線部の漢字として適切なものはどれか。

彼の体調は<u>かいほう</u>に向かっている。

1　介抱
2　快方
3　解放
4　回報
5　開放

1 5

解説 1 「煩雑」が正しい。「汎」は「汎用(はんよう)」などと使う。2 「看過」が正しい。「観」は「観光」や「観察」などと使う。 3 「劇薬」が正しい。「少量の使用であってもはげしい作用のするもの」という意味であるが「激」を使わないことに注意する。 4 「苦渋」が正しい。苦しみ悩むという意味で，「苦悩」と同意であると考えてよい。 5 「既成概念」などと使う場合もある。同音で「既製」という言葉があるが，これは「既製服」や「既製品」という言葉で用いる。

2 2

解説 同音異義語や同訓異字の問題は，その漢字を知っているだけでは対処できない。「植物や魚などの美しいものを見て楽しむ」場合は「観賞」を用いる。なお，「芸術作品」に関する場合は「鑑賞」を用いる。

3 5

解説 「ついきゅう」は，特に「追究」「追求」「追及」が頻出である。「追究」は「あることについて徹底的に明らかにしようとすること」，「追求」は「あるものを手に入れようとすること」，「追及」は「後から厳しく調べること」という意味である。ここでは，「責任」という言葉の後にあるので，「厳しく」という意味が含まれている「追及」が適切である。

4 4

解説 1の「相生」は「相性」,2の「規成」は「既成」,3の「意議」は「異議」，5の「無常」は「無上」が正しい。

5 2

解説 「快方」は「よい方向に向かっている」という意味である。なお，1は病気の人の世話をすること，3は束縛を解いて自由にすること，4は複数人で回し読む文書，5は出入り自由として開け放つ，の意味。

四字熟語

□曖昧模糊　あいまいもこ―はっきりしないこと。

□阿鼻叫喚　あびきょうかん―苦しみに耐えられないで泣き叫ぶこと。はなはだしい惨状を形容する語。

□暗中模索　あんちゅうもさく―暗闇で手さぐりでものを探すこと。様子がつかめずどうすればよいかわからないままやってみること。

□以心伝心　いしんでんしん―無言のうちに心から心に意思が通じ合うこと。

□一言居士　いちげんこじ―何事についても自分の意見を言わなければ気のすまない人。

□一期一会　いちごいちえ―一生のうち一度だけの機会。

□一日千秋　いちじつせんしゅう―一日会わなければ千年も会わないように感じられることから，一日が非常に長く感じられること。

□一念発起　いちねんほっき―決心して信仰の道に入ること。転じてある事を成就させるために決心すること。

□一網打尽　いちもうだじん――網打つだけで多くの魚を捕らえることから，一度に全部捕らえること。

□一獲千金　いっかくせんきん―一時にたやすく莫大な利益を得ること。

□一挙両得　いっきょりょうとく―一つの行動で二つの利益を得ること。

□意馬心猿　いばしんえん―馬が走り，猿が騒ぐのを抑制できないことにたとえ，煩悩や欲望の抑えられないさま。

□意味深長　いみしんちょう―意味が深く含蓄のあること。

□因果応報　いんがおうほう―よい行いにはよい報いが，悪い行いには悪い報いがあり，因と果とは相応じるものであるということ。

□慇懃無礼　いんぎんぶれい―うわべはあくまでも丁寧だが，実は尊大であること。

□有為転変　ういてんぺん―世の中の物事の移りやすくはかない様子のこと。

□右往左往　うおうさおう―多くの人が秩序もなく動き，あっちへ行ったりこっちへ来たり，混乱すること。

□右顧左眄　うこさべん—右を見たり，左を見たり，周囲の様子ばかりう
　　　　　　かがっていて決断しないこと。

□有象無象　うぞうむぞう—世の中の無形有形の一切のもの。たくさん集
　　　　　　まったつまらない人々。

□海千山千　うみせんやません—経験を積み，その世界の裏まで知り抜い
　　　　　　ている老獪な人。

□紆余曲折　うよきょくせつ—まがりくねっていること。事情が込み入っ
　　　　　　て，状況がいろいろ変化すること。

□雲散霧消　うんさんむしょう—雲や霧が消えるように，あとかたもなく
　　　　　　消えること。

□栄枯盛衰　えいこせいすい—草木が繁り，枯れていくように，盛んになっ
　　　　　　たり衰えたりすること。世の中の浮き沈みのこと。

□栄耀栄華　えいようえいが—権力や富貴をきわめ，おごりたかぶること。

□会者定離　えしゃじょうり—会う者は必ず離れる運命をもつというこ
　　　　　　と。人生の無常を説いたことば。

□岡目八目　おかめはちもく—局外に立ち，第三者の立場で物事を観察す
　　　　　　ると，その是非や損失がよくわかるということ。

□温故知新　おんこちしん—古い事柄を究め新しい知識や見解を得るこ
　　　　　　と。

□臥薪嘗胆　がしんしょうたん—たきぎの中に寝，きもをなめる意で，目
　　　　　　的を達成するのために苦心，苦労を重ねること。

□花鳥風月　かちょうふうげつ—自然界の美しい風景，風雅のこころ。

□我田引水　がでんいんすい—自分の利益となるように発言したり行動し
　　　　　　たりすること。

□画竜点睛　がりょうてんせい—竜を描いて最後にひとみを描き加えたと
　　　　　　ころ，天に上ったという故事から，物事を完成させるために
　　　　　　最後に付け加える大切な仕上げ。

□夏炉冬扇　かろとうせん—夏の火鉢，冬の扇のようにその場に必要のな
　　　　　　い事物。

□危急存亡　ききゅうそんぼう—危機が迫ってこのまま生き残れるか滅び
　　　　　　るかの瀬戸際。

□疑心暗鬼　ぎしんあんき—心の疑いが妄想を引き起こして実際にはいな
　　　　　　い鬼の姿が見えるようになることから，疑心が起こると何で

もないことまで恐ろしくなること。

□玉石混交　ぎょくせきこんこう―すぐれたものとそうでないものが入り
　　　　　　混じっていること。

□荒唐無稽　こうとうむけい―言葉や考えによりどころがなく，とりとめ
　　　　　　もないこと。

□五里霧中　ごりむちゅう―迷って考えの定まらないこと。

□針小棒大　しんしょうぼうだい―物事を大袈裟にいうこと。

□大同小異　だいどうしょうい―細部は異なっているが総体的には同じで
　　　　　　あること。

□馬耳東風　ばじとうふう―人の意見や批評を全く気にかけず聞き流すこ
　　　　　　と。

□波瀾万丈　はらんばんじょう―さまざまな事件が次々と起き，変化に富
　　　　　　むこと。

□付和雷同　ふわらいどう――一定の見識がなくただ人の説にわけもなく賛
　　　　　　同すること。

□粉骨砕身　ふんこつさいしん―力の限り努力すること。

□羊頭狗肉　ようとうくにく―外見は立派だが内容がともなわないこと。

□竜頭蛇尾　りゅうとうだび―初めは勢いがさかんだが最後はふるわない
　　　　　　こと。

□臨機応変　りんきおうへん―時と場所に応じて適当な処置をとること。

演習問題

1　「海千山千」の意味として適切なものはどれか。
　1　様々な経験を積み，世間の表裏を知り尽くしてずる賢いこと
　2　今までに例がなく，これからもあり得ないような非常に珍しいこと
　3　人をだまし丸め込む手段や技巧のこと
　4　一人で千人の敵を相手にできるほど強いこと
　5　広くて果てしないこと

2 四字熟語として適切なものはどれか。
1 竜頭堕尾
2 沈思黙考
3 孟母断危
4 理路正然
5 猪突猛伸

3 四字熟語の漢字の使い方がすべて正しいものはどれか。
1	純真無垢	青天白日	疑心暗鬼
2	短刀直入	自我自賛	危機一髪
3	厚顔無知	思考錯誤	言語同断
4	異句同音	一鳥一石	好機当来
5	意味深長	興味深々	五里霧中

4 「一蓮托生」の意味として適切なものはどれか。
1 一味の者を一度で全部つかまえること。
2 物事が順調に進行すること。
3 ほかの事に注意をそらさず，一つの事に心を集中させているさま。
4 善くても悪くても行動・運命をともにすること。
5 妥当なものはない。

5 故事成語の意味で適切なものはどれか。
「塞翁(さいおう)が馬」
1 たいして差がない
2 幸不幸は予測できない
3 肝心なものが欠けている
4 実行してみれば意外と簡単
5 努力がすべてむだに終わる

1 1

解説 2は「空前絶後」，3は「手練手管」，4は「一騎当千」，5は「広大無辺」である。

2 2

解説 2の沈思黙考は，「思いにしずむこと。深く考えこむこと。」の意味である。なお，1は竜頭蛇尾(始めは勢いが盛んでも，終わりにはふるわないこと)，3は孟母断機(孟子の母が織りかけの織布を断って，学問を中途でやめれば，この断機と同じであると戒めた譬え)，4は理路整然(話や議論の筋道が整っていること)，5は猪突猛進(いのししのように向こう見ずに一直線に進むこと)が正しい。

3 1

解説 2は「単刀直入」「自画自賛」，3は「厚顔無恥」「試行錯誤」「言語道断」，4は「異口同音」「一朝一夕」「好機到来」，5は「興味津々」が正しい。四字熟語の意味を理解する際，どのような字で書かれているかを意識するとよい。

4 4

解説 「一蓮托生」は，よい行いをした者は天国に行き，同じ蓮の花の上に生まれ変わるという仏教の教えから，「(ことの善悪にかかわらず)仲間として行動や運命をともにすること」をいう。

5 2

解説 「塞翁が馬」は「人間万事塞翁が馬」と表す場合もある。1は「五十歩百歩」，3は「画竜点睛に欠く」，4は「案ずるより産むが易し」，5は「水泡に帰する」の故事成語の意味である。

語の使い方

文法

Ⅰ 品詞の種類

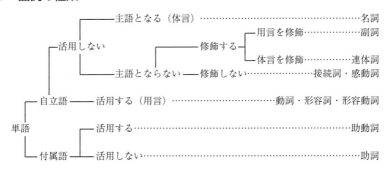

```
                 ┌── 主語となる（体言）……………………………………… 名詞
                 │                          ┌─ 用言を修飾……………… 副詞
      ┌─ 活用しない ─┤          ┌─ 修飾する ─┤
      │            │            │            └─ 体言を修飾………… 連体詞
      │            └── 主語とならない ─ 修飾しない……………… 接続詞・感動詞
 ┌─ 自立語 ─┤
 │          └─ 活用する（用言）……………………………… 動詞・形容詞・形容動詞
単語 ─┤
 │          ┌─ 活用する………………………………………………………… 助動詞
 └─ 付属語 ─┤
            └─ 活用しない…………………………………………………… 助詞
```

Ⅱ 動詞の活用形

活用	基本	語幹	未然	連用	終止	連体	仮定	命令
五段	読む	読	ま　も	み	む	む	め	め
上一段	見る	見	み	み	みる	みる	みれ	みよ
下一段	捨てる	捨	て	て	てる	てる	てれ	てよ　てろ
カ変	来る	来	こ	き	くる	くる	くれ	こい
サ変	する	す	さ　し　せ	し	する	する	すれ	せよ　しろ
	主な接続語		ナイ　ウ・ヨウ	マス　テ・タ	言い切る	コト　トキ	バ	命令

Ⅲ 形容詞の活用形

基本	語幹	未然	連用	終止	連体	仮定	命令
美しい	うつくし	かろ	かっ　く	い	い	けれ	○
主な用法		ウ	ナル　タ	言い切る	体言	バ	

Ⅳ 形容動詞の活用形

基本	語幹	未然	連用		終止	連体	仮定	命令
静かだ	静か	だろ	だっ　で　に		だ	な	なら	○
主な用法		ウ	タ　アル　ナル		言い切る	体言	バ	

Ⅴ　文の成分

主語・述語の関係………花が ― 咲いた。

修飾・被修飾の関係……きれいな ― 花。

接続の関係………………花が咲いたので，花見をした。

並立の関係………………赤い花と白い花。

補助の関係………………花が咲いている。（二文節で述語となっている）

〈副詞〉自立語で活用せず，単独で文節を作り，多く連用修飾語を作る。

状態を表すもの…………ついに・さっそく・しばらく・ぴったり・すっかり

程度を表すもの…………もっと・すこし・ずいぶん・ちょっと・ずっと

陳述の副詞………………決して〜ない・なぜ〜か・たぶん〜だろう・もし〜ば

〈助動詞〉付属語で活用し，主として用言や他の助動詞について意味を添える。

① 使役……せる・させる（学校に行かせる　服を着させる）

② 受身……れる・られる（先生に怒られる　人に見られる）

③ 可能……れる・られる（歩いて行かれる距離　まだ着られる服）

④ 自発……れる・られる（ふと思い出される　容態が案じられる）

⑤ 尊敬……れる・られる（先生が話される　先生が来られる）

⑥ 過去・完了……た（話を聞いた　公園で遊んだ）

⑦ 打消……ない・ぬ（僕は知らない　知らぬ存ぜぬ）

⑧ 推量……だろう・そうだ（晴れるだろう　晴れそうだ）

⑨ 意志……う・よう（旅行に行こう　彼女に告白しよう）

⑩ 様態……そうだ（雨が降りそうだ）

⑪ 希望……たい・たがる（いっぱい遊びたい　おもちゃを欲しがる）

⑫ 断定……だ（悪いのは相手の方だ）

⑬ 伝聞……そうだ（試験に合格したそうだ）

⑭ 推定……らしい（明日は雨らしい）

⑮ 丁寧……です・ます（それはわたしです　ここにあります）

⑯ 打消推量・打消意志……まい（そんなことはあるまい　けっして言うまい）

〈助詞〉付属語で活用せず，ある語について，その語と他の語との関係を補助したり，意味を添えたりする。

① 格助詞……主として体言に付き，その語と他の語の関係を示す。

　→が・の・を・に・へ・と・から・より・で・や

② 副助詞……いろいろな語に付いて，意味を添える。

　→は・も・か・こそ・さえ・でも・しか・まで・ばかり・だけ・など

③ 接続助詞……用言・活用語に付いて，上と下の文節を続ける。

　→ば・けれども・が・のに・ので・ても・から・たり・ながら

④ 終助詞……文末（もしくは文節の切れ目）に付いて意味を添える。

　→なあ（感動）・よ（念押し）・な（禁止）・か（疑問）・ね（念押し）

演習問題

1 次のア〜オのうち，下線部の表現が適切でないものはどれか。

1　彼はいつもまわりに愛嬌をふりまいて，場を和やかにしてくれる。

2　的を射た説明によって，よく理解することができた。

3　舌先三寸で人をまるめこむのではなく，誠実に説明する。

4　この重要な役目は，彼女に白羽の矢が当てられた。

5　二の舞を演じないように，失敗から学ばなくてはならない。

2 次の文について，言葉の用法として適切なものはどれか。

1　矢折れ刀尽きるまで戦う。

2　ヘルプデスクに電話したが「分かりません」と繰り返すだけで取り付く暇もなかった。

3　彼の言動は肝に据えかねる。

4　彼は証拠にもなく何度も賭け事に手を出した。

5　適切なものはない。

3 下線部の言葉の用法として適切なものはどれか。

1　彼はのべつ暇なく働いている。

2　あの人の言動は常軌を失っている。

3　彼女は熱に泳がされている。

4　彼らの主張に対して間髪をいれずに反論した。

5　彼女の自分勝手な振る舞いに顔をひそめた。

4 次の文で，下線部が適切でないものはどれか。
1 ぼくの目標は，兄より早く走れるようになる<u>こと</u>です。
2 先生の<u>おっしゃること</u>をよく聞くのですよ。
3 昨日は家で本を読んだり，テレビを<u>見て</u>いました。
4 風にざわめく木々は，まるで私たちにあいさつをして<u>いるようだった</u>。
5 先生の業績については，よく<u>存じております</u>。

5 下線部の言葉の用法が適切でないものはどれか。
1 <u>急いては事を仕損じる</u>ので，マイペースを心がける。
2 彼女は<u>目端が利く</u>。
3 <u>世知辛い</u>世の中になったものだ。
4 安全を<u>念頭に置いて</u>作業を進める。
5 次の試験に<u>標準を合わせて</u>勉強に取り組む。

○○○解答・解説○○○

1 4

解説　1の「愛嬌をふりまく」は，おせじなどをいい，明るく振る舞うこと，2の「的を射る」は的確に要点をとらえること，3の「舌先三寸」は口先だけの巧みに人をあしらう弁舌のこと，4はたくさんの中から選びだされるという意味だが，「白羽の矢が当てられた」ではなく，「白羽の矢が立った」が正しい。5の「二の舞を演じる」は他人がした失敗を自分もしてしまうという意味である。

2 5

解説　1「刀折れ矢尽きる」が正しく，「なす術がなくなる」という意味である。　2　話を進めるきっかけが見つからない。すがることができない，という意味になるのは「取り付く島がない」が正しい。　3　「言動」という言葉から，「我慢できなくなる」という意味の言葉を使う必要がある。「腹に据えかねる」が正しい。　4　「何度も賭け事に手を出した」という部分から「こりずに」という意味の「性懲りもなく」が正しい。

3　4

解説　1「のべつ幕なしに」，2は「常軌を逸している」，3は「熱に浮かされている」，5は「眉をひそめた」が正しい。

4　3

解説　3は前に「読んだり」とあるので，後半も「見たり」にしなければならないが，「見ていました」になっているので表現として適当とはいえない。

5　5

解説　5は，「狙う，見据える」という意味の「照準」を使い，「照準を合わせて」と表記するのが正しい。

非言語分野

計算式・不等式

演習問題

1 分数 $\dfrac{30}{7}$ を小数で表したとき，小数第100位の数字として正しいものはどれか。

  1　1　　 2　2　　 3　4　　 4　5　　 5　7

2 $x=\sqrt{2}-1$ のとき，$x+\dfrac{1}{x}$ の値として正しいものはどれか。
  1　$2\sqrt{2}$　　2　$2\sqrt{2}-2$　　3　$2\sqrt{2}-1$　　4　$3\sqrt{2}-3$
  5　$3\sqrt{2}-2$

3 360の約数の総和として正しいものはどれか。

  1　1060　　2　1170　　3　1250　　4　1280　　5　1360

4 $\dfrac{x}{2}=\dfrac{y}{3}=\dfrac{z}{5}$ のとき，$\dfrac{x-y+z}{3x+y-z}$ の値として正しいものはどれか。

  1　-2　　2　-1　　3　$\dfrac{1}{2}$　　4　1　　5　$\dfrac{3}{2}$

5 $\dfrac{\sqrt{2}}{\sqrt{2}-1}$ の整数部分を a，小数部分を b とするとき，$a\times b$ の値として正しいものは次のうちどれか。
  1　$\sqrt{2}$　　2　$2\sqrt{2}-2$　　3　$2\sqrt{2}-1$　　4　$3\sqrt{2}-3$
  5　$3\sqrt{2}-2$

6 $x=\sqrt{5}+\sqrt{2}$，$y=\sqrt{5}-\sqrt{2}$ のとき，x^2+xy+y^2 の値として正しいものはどれか。

  1　15　　2　16　　3　17　　4　18　　5　19

$\boxed{7}$ $\dfrac{\sqrt{2}}{\sqrt{2}-1}$ の整数部分をa, 小数部分をbとするとき, b^2の値として正しいものはどれか。

1 $2-\sqrt{2}$ 2 $1+\sqrt{2}$ 3 $2+\sqrt{2}$ 4 $3+\sqrt{2}$

5 $3-2\sqrt{2}$

$\boxed{8}$ ある中学校の生徒全員のうち, 男子の7.5%, 女子の6.4%を合わせて37人がバドミントン部員であり, 男子の2.5%, 女子の7.2%を合わせて25人が吹奏楽部員である。この中学校の女子全員の人数は何人か。

1 246人   2 248人   3 250人   4 252人   5 254人

$\boxed{9}$ 連続した3つの正の偶数がある。その小さい方2数の2乗の和は, 一番大きい数の2乗に等しいという。この3つの数のうち, 最も大きい数として正しいものはどれか。

1 6   2 8   3 10   4 12   5 14

○○○解答・解説○○○

$\boxed{1}$ 5

解説　実際に30を7で割ってみると,

$\dfrac{30}{7}=4.28571428571\cdots\cdots$ となり, 小数点以下は, 6つの数字"285714"が繰り返されることがわかる。$100\div6=16$余り4だから, 小数第100位は, "285714"のうちの4つ目の"7"である。

$\boxed{2}$ 1

解説　$x=\sqrt{2}-1$を$x+\dfrac{1}{x}$に代入すると,

$$x+\dfrac{1}{x}=\sqrt{2}-1+\dfrac{1}{\sqrt{2}-1}=\sqrt{2}-1+\dfrac{\sqrt{2}+1}{(\sqrt{2}-1)(\sqrt{2}+1)}$$

$$=\sqrt{2}-1+\dfrac{\sqrt{2}+1}{2-1}$$

$$=\sqrt{2}-1+\sqrt{2}+1=2\sqrt{2}$$

解説　360を素因数分解すると，$360 = 2^3 \times 3^2 \times 5$ であるから，約数の総和は$(1 + 2 + 2^2 + 2^3)(1 + 3 + 3^2)(1 + 5) = (1 + 2 + 4 + 8)(1 + 3 + 9)(1 + 5) = 15 \times 13 \times 6 = 1170$ である。

4 4

解説　$\dfrac{x}{2} = \dfrac{y}{3} = \dfrac{z}{5} = A$　とおく。

$x = 2A$，$y = 3A$，$z = 5A$　となるから，

$x - y + z = 2A - 3A + 5A = 4A$，$3x + y - z = 6A + 3A - 5A = 4A$

したがって，$\dfrac{x - y + z}{3x + y - z} = \dfrac{4A}{4A} = 1$　である。

5 4

解説　分母を有理化する。

$$\frac{\sqrt{2}}{\sqrt{2} - 1} = \frac{\sqrt{2}(\sqrt{2} + 1)}{(\sqrt{2} - 1)(\sqrt{2} + 1)} = \frac{2 + \sqrt{2}}{2 - 1} = 2 + \sqrt{2} = 2 + 1.414\cdots = 3.414\cdots$$

であるから，$a = 3$であり，$b = (2 + \sqrt{2}) - 3 = \sqrt{2} - 1$ となる。

したがって，$a \times b = 3(\sqrt{2} - 1) = 3\sqrt{2} - 3$

6 3

解説　$(x + y)^2 = x^2 + 2xy + y^2$ であるから，

$x^2 + xy + y^2 = (x + y)^2 - xy$ と表せる。

ここで，$x + y = (\sqrt{5} + \sqrt{2}) + (\sqrt{5} - \sqrt{2}) = 2\sqrt{5}$，

$\qquad xy = (\sqrt{5} + \sqrt{2})(\sqrt{5} - \sqrt{2}) = 5 - 2 = 3$

であるから，求める $(x + y)^2 - xy = (2\sqrt{5})^2 - 3 = 20 - 3 = 17$

7 5

解説　分母を有理化すると，

$$\frac{\sqrt{2}}{\sqrt{2} - 1} = \frac{\sqrt{2}(\sqrt{2} + 1)}{(\sqrt{2} - 1)(\sqrt{2} + 1)} = \frac{2 + \sqrt{2}}{2 - 1} = 2 + \sqrt{2}$$

$\sqrt{2} = 1.4142\cdots\cdots$であるから，$2 + \sqrt{2} = 2 + 1.4142\cdots\cdots = 3.14142\cdots\cdots$

したがって，$a = 3$，$b = 2 + \sqrt{2} - 3 = \sqrt{2} - 1$といえる。

したがって，$b^2 = (\sqrt{2} - 1)^2 = 2 - 2\sqrt{2} + 1 = 3 - 2\sqrt{2}$である。

$\boxed{8}$ 3

解説 男子全員の人数をx，女子全員の人数をyとする。

$0.075x + 0.064y = 37 \cdots ①$

$0.025x + 0.072y = 25 \cdots ②$

①$-$②$\times 3$より

$$
\begin{array}{r}
\left\{\begin{array}{l}
0.075x + 0.064y = 37 \cdots ① \\
0.075x + 0.216y = 75 \cdots ②'
\end{array}\right. \\
\hline
-\,) \quad\quad\quad\quad -0.152y = -38
\end{array}
$$

$\therefore \quad 152y = 38000 \quad \therefore \quad y = 250 \quad x = 280$

よって，女子全員の人数は250人。

$\boxed{9}$ 3

解説 3つのうちの一番小さいものを$x\,(x>0)$とすると，連続した3つの正の偶数は，x，$x+2$，$x+4$であるから，与えられた条件より，次の式が成り立つ。$x^2+(x+2)^2=(x+4)^2$ かっこを取って，$x^2+x^2+4x+4=x^2+8x+16$ 整理して，$x^2-4x-12=0$ よって，$(x+2)(x-6)=0$ よって，$x=-2, 6$ $x>0$だから，$x=6$である。したがって，3つの偶数は，6，8，10である。このうち最も大きいものは，10である。

演習問題

1 家から駅までの道のりは30kmである。この道のりを，初めは時速5km，途中から，時速4kmで歩いたら，所要時間は7時間であった。時速5kmで歩いた道のりとして正しいものはどれか。

　1　8km　　2　10km　　3　12km　　4　14km　　5　15km

2 横の長さが縦の長さの2倍である長方形の厚紙がある。この厚紙の四すみから，一辺の長さが4cmの正方形を切り取って，折り曲げ，ふたのない直方体の容器を作る。その容積が64cm³のとき，もとの厚紙の縦の長さとして正しいものはどれか。

　1　$6-2\sqrt{3}$　　2　$6-\sqrt{3}$　　3　$6+\sqrt{3}$　　4　$6+2\sqrt{3}$
　5　$6+3\sqrt{3}$

3 縦50m，横60mの長方形の土地がある。この土地に，図のような直角に交わる同じ幅の通路を作る。通路の面積を土地全体の面積の$\dfrac{1}{3}$以下にするには，通路の幅を何m以下にすればよいか。

　1　8m　　2　8.5m　　3　9m　　4　10m
　5　10.5m

4 下の図のような，曲線部分が半円で，1周の長さが240mのトラックを作る。中央の長方形ABCDの部分の面積を最大にするには，直線部分ADの長さを何mにすればよいか。次から選べ。

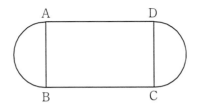

　1　56m　　2　58m　　3　60m　　4　62m　　5　64m

5 AとBの2つのタンクがあり，Aには8m³，Bには5m³の水が入っている。Aには毎分1.2m³，Bには毎分0.5m³ずつの割合で同時に水を入れ始めると，Aの水の量がBの水の量の2倍以上になるのは何分後からか。正しいものはどれか。

    1 8分後　　2 9分後　　3 10分後　　4 11分後　　5 12分後

○○○解答・解説○○○

1 2

解説　時速5kmで歩いた道のりを$x$kmとすると，時速4kmで歩いた道のりは，$(30-x)$kmであり，時間＝距離÷速さ　であるから，次の式が成り立つ。

$$\frac{x}{5}+\frac{30-x}{4}=7$$

両辺に20をかけて，$4x+5(30-x)=7\times20$

整理して，$4x+150-5x=140$

よって，$x=10$ である。

2 4

解説　厚紙の縦の長さを$x$cmとすると，横の長さは$2x$cmである。また，このとき，容器の底面は，縦$(x-8)$cm，横$(2x-8)$cmの長方形で，容器の高さは4cmである。

厚紙の縦，横，及び，容器の縦，
横の長さは正の数であるから，

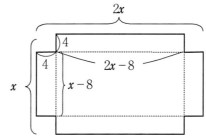

　$x>0$，$x-8>0$，$2x-8>0$
すなわち，$x>8$……①
容器の容積が64cm³であるから，
$4(x-8)(2x-8)=64$となり，
　$(x-8)(2x-8)=16$
これより，$(x-8)(x-4)=8$
$x^2-12x+32=8$となり，$x^2-12x+24=0$
よって，$x=6\pm\sqrt{6^2-24}=6\pm\sqrt{12}=6\pm2\sqrt{3}$
このうち①を満たすものは，$x=6+2\sqrt{3}$

3 4

解説 通路の幅をxmとすると，$0<x<50$……①

また，$50x+60x-x^2\leqq1000$

よって，$(x-10)(x-100)\geqq0$

したがって，$x\leqq10$，$100\leqq x$……②

①②より，$0<x\leqq10$　つまり，10m以下。

4 3

解説 直線部分ADの長さをxmとおくと，$0<2x<240$より，xのとる値の範囲は，$0<x<120$である。

半円の半径をrmとおくと，

$2\pi r=240-2x$より，

$r=\dfrac{120}{\pi}-\dfrac{x}{\pi}=\dfrac{1}{\pi}(120-x)$

長方形ABCDの面積をym²とすると，

$y=2r\cdot x=2\cdot\dfrac{1}{\pi}(120-x)x$

$\quad=-\dfrac{2}{\pi}(x^2-120x)$

$\quad=-\dfrac{2}{\pi}(x-60)^2+\dfrac{7200}{\pi}$

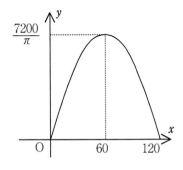

この関数のグラフは，図のようになる。yは$x=60$のとき最大となる。

5 3

解説 x分後から2倍以上になるとすると，題意より次の不等式が成り立つ。

$8+1.2x\geqq2(5+0.5x)$

かっこをはずして，$8+1.2x\geqq10+x$

整理して，$0.2x\geqq2$　よって，$x\geqq10$

つまり10分後から2倍以上になる。

組み合わせ・確率

演習問題

[1] 1個のさいころを続けて3回投げるとき, 目の和が偶数になるような場合は何通りあるか。正しいものを選べ。

1 106通り　　2 108通り　　3 110通り　　4 112通り

5 115通り

[2] A, B, C, D, E, Fの6人が2人のグループを3つ作るとき, AとBが同じグループになる確率はどれか。正しいものを選べ。

1 $\dfrac{1}{6}$　　2 $\dfrac{1}{5}$　　3 $\dfrac{1}{4}$　　4 $\dfrac{1}{3}$　　5 $\dfrac{1}{2}$

○○○解答・解説○○○

[1] 2

解説　和が偶数になるのは, 3回とも偶数の場合と, 偶数が1回で, 残りの2回が奇数の場合である。さいころの目は, 偶数と奇数はそれぞれ3個だから,

(1) 3回とも偶数：$3 \times 3 \times 3 = 27$〔通り〕

(2) 偶数が1回で, 残りの2回が奇数

・偶数/奇数/奇数：$3 \times 3 \times 3 = 27$〔通り〕

・奇数/偶数/奇数：$3 \times 3 \times 3 = 27$〔通り〕

・奇数/奇数/偶数：$3 \times 3 \times 3 = 27$〔通り〕

したがって, 合計すると, $27 + (27 \times 3) = 108$〔通り〕である。

[2] 2

解説　A, B, C, D, E, Fの6人が2人のグループを3つ作るときの, すべての作り方は$\dfrac{_6C_2 \times _4C_2}{3!} = 15$通り。このうち, AとBが同じグループになるグループの作り方は$\dfrac{_4C_2}{2!} = 3$通り。よって, 求める確率は$\dfrac{3}{15} = \dfrac{1}{5}$である。

図形

演習問題

1　次の図で，直方体ABCD－EFGHの辺 AB，BCの中点をそれぞれ M，Nとする。この直方体を3点M，F，Nを通る平面で切り，頂点B を含むほうの立体をとりさる。AD＝DC ＝8cm，AE＝6cmのとき，△MFNの 面積として正しいものはどれか。

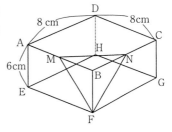

1　$3\sqrt{22}$ 〔cm²〕　　2　$4\sqrt{22}$ 〔cm²〕

3　$5\sqrt{22}$ 〔cm²〕　　4　$4\sqrt{26}$ 〔cm²〕

5　$4\sqrt{26}$ 〔cm²〕

2　右の図において，四角形ABCDは円に内 接しており，弧BC＝弧CDである。AB，AD の延長と点Cにおけるこの円の接線との交点 をそれぞれP，Qとする。AC＝4cm，CD＝ 2cm，DA＝3cmとするとき，△BPCと△ APQの面積比として正しいものはどれか。

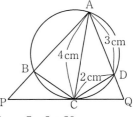

1　1：5　　2　1：6　　3　1：7　　4　2：15　　5　3：20

3　1辺の長さが15のひし形がある。その対角線の長さの差は6である。 このひし形の面積として正しいものは次のどれか。

1　208　　2　210　　3　212　　4　214　　5　216

4　右の図において，円C_1の 半径は2，円C_2の半径は5，2 円の中心間の距離はO_1O_2＝9 である。2円の共通外接線lと2 円C_1，C_2との接点をそれぞれA， Bとするとき，線分ABの長さ として正しいものは次のどれ か。

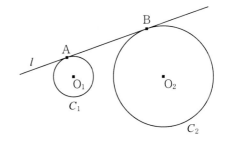

1　$3\sqrt{7}$　　2　8　　3　$6\sqrt{2}$　　4　$5\sqrt{3}$　　5　$4\sqrt{5}$

5 下の図において，点Eは，平行四辺形ABCDの辺BC上の点で，AB ＝AEである。また，点Fは，線分AE上の点で，∠AFD＝90°である。 ∠ABE＝70°のとき，∠CDFの大きさとして正しいものはどれか。

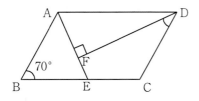

1 48°   2 49°   3 50°   4 51°   5 52°

6 底面の円の半径が4で，母線の長さが 12の直円すいがある。この円すいに内接 する球の半径として正しいものは次のど れか。

1 $2\sqrt{2}$

2 3

3 $2\sqrt{3}$

4 $\dfrac{8}{3}\sqrt{2}$

5 $\dfrac{8}{3}\sqrt{3}$

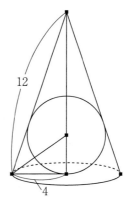

○○○解答・解説○○○

1 2

解説 △MFNはMF＝NFの二等辺三角形。MB＝$\dfrac{8}{2}$＝4，BF＝6より， MF^2＝4^2＋6^2＝52

また，MN＝$4\sqrt{2}$

FからMNに垂線FTを引くと，△MFTで三平方の定理より，

FT^2＝MF^2－MT^2＝52－$\left(\dfrac{4\sqrt{2}}{2}\right)^2$＝52－8＝44

よって，FT＝$\sqrt{44}$＝$2\sqrt{11}$

したがって，△MFN＝$\dfrac{1}{2}$・$4\sqrt{2}$・$2\sqrt{11}$＝$4\sqrt{22}$〔cm^2〕

$\boxed{2}$ 3

解説 ∠PBC＝∠CDA，∠PCB＝∠BAC＝∠CADから，

△BPC∽△DCA

相似比は2：3，面積比は，4：9

また，△CQD∽△AQCで，相似比は1：2，面積比は1：4

したがって，△DCA：△AQC＝3：4

よって，△BPC：△DCA：△AQC＝4：9：12

さらに，△BPC∽△CPAで，相似比1：2，面積比1：4

よって，△BPC：△APQ＝4：(16＋12)＝4：28＝1：7

$\boxed{3}$ 5

解説 対角線のうちの短い方の長さの半分の長さをxとすると，長い方の対角線の長さの半分は，$(x+3)$と表せるから，三平方の定理より次の式がなりたつ。

$x^2 + (x+3)^2 = 15^2$

整理して，$2x^2 + 6x - 216 = 0$　よって，$x^2 + 3x - 108 = 0$

$(x-9)(x+12)=0$より，$x=9, -12$　xは正だから，$x=9$である。

したがって，求める面積は，$4 \times \dfrac{9 \times (9+3)}{2} = 216$

$\boxed{4}$ 5

解説 円の接線と半径より

$O_1A \perp l$，$O_2B \perp l$であるから，

点O_1から線分O_2Bに垂線O_1Hを

下ろすと，四角形AO_1HBは長方

形で，

$HB = O_1A = 2$だから，

$O_2H = 3$

△O_1O_2Hで三平方の定理より，

$O_1H = \sqrt{9^2 - 3^2} = 6\sqrt{2}$

よって，$AB = O_1H = 6\sqrt{2}$

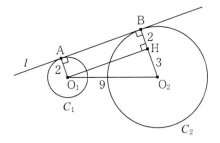

$\boxed{5}$ 3

解説 $\angle AEB = \angle ABE = 70°$ より，$\angle AEC = 180 - 70 = 110°$
また，$\angle ABE + \angle ECD = 180°$ より，$\angle ECD = 110°$
四角形FECDにおいて，四角形の内角の和は$360°$だから，
$\angle CDF = 360° - (90° + 110° + 110°) = 50°$

$\boxed{6}$ 1

解説 円すいの頂点をA，球の中心を
O, 底面の円の中心をHとする。3点A, O,
Hを含む平面でこの立体を切断すると，
断面は図のような二等辺三角形とその内
接円であり，求めるものは内接円の半径
OHである。

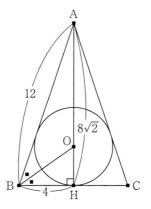

　△ABHで三平方の定理より，
　　$AH = \sqrt{12^2 - 4^2} = 8\sqrt{2}$

　　Oは三角形ABCの内心だから，BO
は$\angle ABH$の2等分線である。

　　よって，$AO : OH = BA : BH = 3 : 1$

　　$OH = \dfrac{1}{4} AH = 2\sqrt{2}$

演習問題

[1] O市，P市，Q市の人口密度（1km²あたりの人口）を下表に示してある，O市とQ市の面積は等しく，Q市の面積はP市の2倍である。

市	人口密度
O	390
P	270
Q	465

このとき，次の推論ア，イの正誤として，正しいものはどれか。

ア　P市とQ市を合わせた地域の人口密度は300である
イ　P市の人口はQ市の人口より多い

1　アもイも正しい
2　アは正しいが，イは誤り
3　アは誤りだが，イは正しい
4　アもイも誤り
5　アもイもどちらとも決まらない

[2] 2から10までの数を1つずつ書いた9枚のカードがある。A，B，Cの3人がこの中から任意の3枚ずつを取ったところ，Aの取ったカードに書かれていた数の合計は15で，その中には，5が入っていた。Bの取ったカードに書かれていた数の合計は16で，その中には，8が入っていた。Cの取ったカードに書かれていた数の中に入っていた数の1つは，次のうちのどれか。

1　2　　2　3　　3　4　　4　6　　5　7

[3] 体重の異なる8人が，シーソーを使用して，一番重い人と2番目に重い人を選び出したい。シーソーでの重さ比べを，少なくとも何回行わなければならないか。ただし，シーソーには両側に1人ずつしか乗らないものとする。

1　6回　　2　7回　　3　8回　　4　9回　　5　10回

4 A〜Fの6人がゲーム大会をして，優勝者が決定された。このゲーム大会の前に6人は，それぞれ次のように予想を述べていた。予想が当たったのは2人のみで，あとの4人ははずれであった。予想が当たった2人の組み合わせとして正しいものはどれか。

A 「優勝者は，私かCのいずれかだろう。」
B 「優勝者は，Aだろう。」
C 「Eの予想は当たるだろう。」
D 「優勝者は，Fだろう。」
E 「優勝者は，私かFのいずれかだろう。」
F 「Aの予想ははずれるだろう。」

  1 A，B   2 A，C   3 B，D   4 C，D   5 D，E

5 ある会合に参加した人30人について調査したところ，傘を持っている人，かばんを持っている人，筆記用具を持っている人の数はすべて1人以上29人以下であり，次の事実がわかった。

ⅰ）傘を持っていない人で，かばんを持っていない人はいない。
ⅱ）筆記用具を持っていない人で，かばんを持っている人はいない。
このとき，確実に言えるのは次のどれか。

1 かばんを持っていない人で，筆記用具を持っている人はいない。
2 傘を持っている人で，かばんを持っている人はいない。
3 筆記用具を持っている人で，傘を持っている人はいない。
4 傘を持っていない人で，筆記用具を持っていない人はいない。
5 かばんを持っている人で，傘を持っている人はいない。

6 次A，B，C，D，Eの5人が，順に赤，緑，白，黒，青の5つのカードを持っている。また赤，緑，白，黒，青の5つのボールがあり，各人がいずれか1つのボールを持っている。各自のカードの色とボールの色は必ずしも一致していない。持っているカードの色とボールの色の組み合わせについてア，イのことがわかっているとき，Aの持っているボールの色は何色か。ただし，以下でXとY2人の色の組み合わせが同じであるとは，「Xのカード，ボールの色が，それぞれYのボール，カードの色と一致」していることを意味する。

ア CとEがカードを交換すると，CとDの色の組み合わせだけが同じになる。
イ BとDがボールを交換すると，BとEの色の組み合わせだけが同じ

になる。

1 青　　2 緑　　3 黒　　4 赤　　5 白

○○○解答・解説○○○

1 3

解説　「O市とQ市の面積は等しく，Q市の面積はP市の2倍」ということから，仮にO市とQ市の面積を1km²，P市の面積を2km²と考える。

ア…P市の人口は270×2＝540人，Q市の人口は465×1＝465人で，2つの市を合わせた地域の面積は3km2なので，人口密度は，（540＋465）÷3＝335人になる。

イ…P市の人口は540人，Q市は465人なので，P市の方が多いので正しいといえる。

よって推論アは誤りだが，推論イは正しい。

よって正解は3である。

2 3

解説　まず，Bが取った残りの2枚のカードに書かれていた数の合計は，16－8＝8である。したがって2枚のカードはどちらも6以下である。ところが「5」はAが取ったカードにあるから除くと，「2」，「3」，「4」，「6」の4枚となるが，この中で2数の和が8になるのは，「2」と「6」しかない。

次にAが取った残りの2枚のカードに書かれていた数の合計は，15－5＝10である。したがって2枚のカードはどちらも8以下である。この中で，すでにA自身やBが取ったカードを除くと「3」，「4」，「7」の3枚となるが，この中で2数の和が10になるのは，「3」と「7」のみである。

以上のことから，Cの取った3枚のカードは，AとBが取った残りの「4」「9」「10」である。

3 4

解説　全員の体重が異なるのだから，1人ずつ比較するしかない。したがって一番重い人を見つけるには，8チームによるトーナメント試合数，すなわち8－1＝7（回）でよい。図

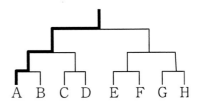

は8人をA～Hとしてその方法を表したもので，Aが最も重かった場合である。次に2番目に重い人の選び出し方であるが，2番目に重い人の候補になるのは，図でAと比較してAより軽いと判断された3人である。すなわち最初に比較したBと，2回目に比較したC，Dのうちの重い方と，最後にAと比較したE～Hの中で一番重い人の3人である。そしてこの3人の中で一番重い人を見つける方法は2回でよい。結局，少なくとも7＋2＝9（回）の重さ比べが必要であるといえる。

4 1

解説 　下の表は，縦の欄に優勝したと仮定した人。横の欄に各人の予想が当たったか（○）はずれたか（×）を表したものである。

	A	B	C	D	E	F
A	○	○	×	×	×	×
B	×	×	×	×	×	○
C	○	×	×	×	×	×
D	×	×	×	×	×	○
E	×	×	○	×	○	○
F	×	×	○	○	○	○

「予想が当たったのは，2人のみ」という条件を満たすのは，Aが優勝したと仮定したときのAとBのみである。よって，1が正しい。

5 3

解説 　ⅰ）ⅱ）より集合の包含関係は図のようになっている。

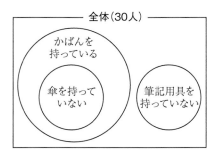

図より，傘を持っていない人の集合と，筆記用具を持っていない人の集

合の共通部分は空集合であり，選択肢1，2，3，5については必ずしも空集合とは限らない。

したがって，確実に言えるのは「傘を持っていない人で，筆記用具を持っていない人はいない」のみである。

6 5

解説 最初の状態は，

	A	B	C	D	E
カード	赤	緑	白	黒	青

まずアより，EとCがカードを交換した場合，CとDの色の組み合わせだけが同じになることから，ボールの色が次のように決まる。

	A	B	C	D	E
カード	赤	緑	青	黒	白
ボール			黒	青	

つまり，Cのボールが黒，Dのボールが青と決まる。

カード交換前のカードの色で表すと，

	A	B	C	D	E
カード	赤	緑	白	黒	青
ボール			黒	青	

さらにイより，BとDがボールを交換すると，BとEの色の組み合わせだけが同じになることから，Eのボールの色が緑ときまる。つまり，

	A	B	C	D	E
カード	赤	緑	白	黒	青
ボール			黒	青	緑

ここで，Bのボールの色が白だとすると，Dとボールを交換したときに，CとDが黒と白で同じ色の組み合わせになってしまう。したがって，Aのボールの色が白，Bのボールの色が赤といえる。

つまり，次のように決まる。

	A	B	C	D	E
カード	赤	緑	白	黒	青
ボール	白	赤	黒	青	緑

●情報提供のお願い●

　就職活動研究会では，就職活動に関する情報を募集しています。

　エントリーシートやグループディスカッション，面接，筆記試験の内容等について情報をお寄せください。ご応募はメールアドレス（edit@kyodo-s.jp）へお願いいたします。お送りくださいました方々には薄謝をさしあげます。

　ご協力よろしくお願いいたします。

会社別就活ハンドブックシリーズ

キユーピーの
就活ハンドブック

編　者	就職活動研究会
発　行	令和6年2月25日
発行者	小貫輝雄
発行所	協同出版株式会社

〒101-0054
東京都千代田区神田錦町2-5
電話　03-3295-1341
振替　東京00190-4-94061

印刷所　協同出版・POD工場

落丁・乱丁はお取り替えいたします

●2025年度版●
会社別就活ハンドブックシリーズ

【全111点】

運　輸

東日本旅客鉄道の就活ハンドブック	小田急電鉄の就活ハンドブック
東海旅客鉄道の就活ハンドブック	阪急阪神 HD の就活ハンドブック
西日本旅客鉄道の就活ハンドブック	商船三井の就活ハンドブック
東京地下鉄の就活ハンドブック	日本郵船の就活ハンドブック

機　械

三菱重工業の就活ハンドブック	浜松ホトニクスの就活ハンドブック
川崎重工業の就活ハンドブック	村田製作所の就活ハンドブック
IHI の就活ハンドブック	クボタの就活ハンドブック
島津製作所の就活ハンドブック	

金　融

三菱 UFJ 銀行の就活ハンドブック	野村證券の就活ハンドブック
三菱 UFJ 信託銀行の就活ハンドブック	りそなグループの就活ハンドブック
みずほ FG の就活ハンドブック	ふくおか FG の就活ハンドブック
三井住友銀行の就活ハンドブック	日本政策投資銀行の就活ハンドブック
三井住友信託銀行の就活ハンドブック	

建設・不動産

三菱地所の就活ハンドブック	鹿島建設の就活ハンドブック
三井不動産の就活ハンドブック	大成建設の就活ハンドブック
積水ハウスの就活ハンドブック	清水建設の就活ハンドブック
大和ハウス工業の就活ハンドブック	

資源・素材

旭旭化成グループの就活ハンドブック	関西電力の就活ハンドブック
東レの就活ハンドブック	日本製鉄の就活ハンドブック
ワコールの就活ハンドブック	中部電力の就活ハンドブック

九州電力の就活ハンドブック

自動車

トヨタ自動車の就活ハンドブック	デンソーの就活ハンドブック
本田技研工業の就活ハンドブック	日産自動車の就活ハンドブック

商　社

三菱商事の就活ハンドブック	伊藤忠商事の就活ハンドブック
住友商事の就活ハンドブック	双日の就活ハンドブック
丸紅の就活ハンドブック	豊田通商の就活ハンドブック
三井物産の就活ハンドブック	

情報通信・IT

NTT データの就活ハンドブック	サイバーエージェントの就活ハンドブック
NTT ドコモの就活ハンドブック	LINE ヤフーの就活ハンドブック
野村総合研究所の就活ハンドブック	SCSK の就活ハンドブック
日本電信電話の就活ハンドブック	富士ソフトの就活ハンドブック
KDDI の就活ハンドブック	日本オラクルの就活ハンドブック
ソフトバンクの就活ハンドブック	GMO インターネットグループ
楽天の就活ハンドブック	オービックの就活ハンドブック
mixi の就活ハンドブック	DTS の就活ハンドブック
グリーの就活ハンドブック	TIS の就活ハンドブック

食品・飲料

サントリー HD の就活ハンドブック	日本たばこ産業 の就活ハンドブック
味の素の就活ハンドブック	日清食品グループの就活ハンドブック
キリン HD の就活ハンドブック	山崎製パンの就活ハンドブック
アサヒグループ HD の就活ハンドブック	キユーピーの就活ハンドブック

生活用品

資生堂の就活ハンドブック	武田薬品工業の就活ハンドブック
花王の就活ハンドブック	

電気機器

三菱電機の就活ハンドブック	パナソニックの就活ハンドブック
ダイキン工業の就活ハンドブック	富士通の就活ハンドブック
ソニーの就活ハンドブック	キヤノンの就活ハンドブック
日立製作所の就活ハンドブック	京セラの就活ハンドブック
ＮＥＣの就活ハンドブック	オムロンの就活ハンドブック
富士フイルム HD の就活ハンドブック	キーエンスの就活ハンドブック

保　険

東京海上日動火災保険の就活ハンドブック	三井住友海上火災保険の就活ハンドブック
第一生命ホールディングスの就活ハンドブック	損保ジャパンの就活ハンドブック

メディア

日本印刷の就活ハンドブック	エイベックスの就活ハンドブック
博報堂 DY の就活ハンドブック	東宝の就活ハンドブック
TOPPAN ホールディングスの就活ハンドブック	

流通・小売

ニトリ HD の就活ハンドブック	ZOZO の就活ハンドブック
イオンの就活ハンドブック	

エンタメ・レジャー

オリエンタルランドの就活ハンドブック	任天堂の就活ハンドブック
アシックスの就活ハンドブック	カプコンの就活ハンドブック
バンダイナムコ HD の就活ハンドブック	セガサミー HD の就活ハンドブック
コナミグループの就活ハンドブック	タカラトミーの就活ハンドブック
スクウェア・エニックス HD の就活ハンドブック	

▼会社別就活ハンドブックシリーズにつきましては，協同出版のホームページからもご注文ができます。詳細は下記のサイトでご確認下さい。

https://kyodo-s.jp/examination_company